叢書　文化の伝承と創造 1

人は
なぜ語るのか

片岡 輝

Hikaru Kataoka

企画・編集：子どもの文化研究所
発行：アイ企画

はじめに

人はなぜ語るのか、と問うと、何を語りたいのか、という問いが、続いて、聞き手は語りに何を期待しているのだろうか、という問いがたちどころに生じてきます。これらの問いの答を思い巡らしていると、共通の答として、「物語」が思い浮かびます。

フランスの哲学者ロラン・バルト（一九一五〜一九八〇）は、『物語の構造分析序説』（花輪光訳　みすず書房）の中で、「物語」について、次のように述べています。

〈世界中の物語は数かぎりない。まず、驚くほど多種多様なジャンルがあり、しかもそれがさまざまな実質に分布していて、人間にとっては、あらゆる素材が物語を託すのに適しているかのようである。物語は、神話、伝説、寓話、おとぎ話、短編小説、叙事詩、歴史、悲劇、折衷劇、喜劇、パントマイム、絵画（カラバッチョの「聖女ウルスラ伝」を考えていただきたい）、焼絵ガラス、映画、続き漫画、三面記事、会話のなかにも存在する。そのうえ、ほとんど無限に近いこれらの形をとりながら、あらゆる場所、あらゆる社会に存在する。物語は、まさに人類の歴史とともに始まるのだ。物語を持たない民族は、どこにも存在せず、また決して存在しなかった。〉

バルトの引用を待つまでもなく、「物語」は、私たちの暮らしの中に広く息づいています。語りは、それらの「物語」を肉声を通して聞き手と共有する営みです。

「駅に立つひとりひとりに物語　もれなく届く夏の夕暮れ」

一九九七年生まれの学生歌人武田穂佳さんの一首（朝日新聞夕刊　二〇一六年九月七日付）に鮮やかに詠み込まれている、一人ひとりにもれなく届く「物語」とは、とりもなおさず、各人が主体的に生きている人生そのものですが、私たちは、語りによってさまざまな「物語」に描かれている多様な人生を追体験することで、生きる知恵をはじめ、人生の喜怒哀楽、挫折と成功、希望と勇気、慰めと励まし等、生を豊かにするものを分かち合い、学び合うことができるのです。

もう一つ、語りには、人と人の心に橋を架けるという大きな役割があります。遠い過去に生きた人といま生きている人、離れた土地に住んでいる見知らぬ人とわたし、信仰や価値観が異なる人とひと、男と女、大人と子ども…。いま、世界を見渡せば、人と人を対立させ、憎悪を掻き立ててバラバラにしようとする分断化が進んでいます。個人の力では立ち向かえないほど大きな濁流を堰き止めることはできないのでしょうか? 考えてみれば、分断を促進し、肥大化しているのは、人と人の言葉のやり取り＝コミュニケーションと、やり取り不足＝ディス・コミュニケーションです。社会心理学者の岡本信一郎（一九五二〜）氏の『悪意の心理学　悪口、嘘、ヘイト・スピーチ』（中央公論社）によれば、

〈皮肉、罵倒、偏見…、面と向かっての会話であれ、ネットでのやり取りであれ、言葉によるコミュニケーションはしばしば暴走し、相手に対して「悪意」の牙を剝く。その意図はいじめや差別、クレーマーやセクハラ、政治家の問題発言を生む。一方で、意図していないのに加害者になってしまうこともある。〉

語りがこうした「暴走」に加担することがあってはならないのは無論のこと、「暴走」の影に怯えて口を閉ざすことがあってもなりません。先人からのメッセージを受け継ぎ、私たち自らが考え鍛えた言葉で、分断しようとする力に抗って、勇気と希望を持って人と人の心に橋を架け続けていこうではありませんか。

ＮＰＯ法人語り手たちの会創立四〇周年を記念して　　片岡　輝

目次

III 新しい語りの創造へ——いくつかの視点から——

I

人はなぜ語るのか
—新しい語り手へのメッセージ—

1 いまなぜ語りなのか

物語の始まり

太古で、人が声をメディア（媒体）として意識した時、次に、何が起こったのでしょうか？　おそらく、肉声の持つ機能を十分に生かして、自分の思いをより多く、より詳しく、より正確に相手に伝えたいと願ったのではないでしょうか。

そして、その思いの内容は、日々の生活の中で瞬間瞬間に生起するさまざまな要求や情感から始まって、次第に時間的な経過を含んだより複雑で高度な表現へと進んでいったに違いありません。

いま、私たちは、赤ちゃんが言語を習得していくプロセスにその繰り返しを見ることができます。赤ちゃんが、やがて、歌やお話や絵本に興味を持つように、豊かな言語表現を身につけ始めた人は、ごく自然に声を操り、言葉を紡いで物語を始めました。

物語とは、身の回りにある雑多な事物や、無数に生起する出来事や、時間がもたらすそれらの変容などを、整理したり、並べ変えたりしながら意味のあるメッセージを生み出す営みで、それによって混沌から秩序が立ち現れ、人は、自らがどんな世界に住んでいるのかを知ることができるのです。

原初の物語の内容は、自分や家族や部族や民族の生い立ちであり、歩みであり、敵でも味方でもある大自然のダイナミックな営みに対する畏怖や親近感といったもので、それらは、口承文学や神話や昔話や伝説として私たちの前に残されています。

たとえば『古事記』をひもとき、高天原の国生みの一節に接すれば、そこに述べられているようにしてこの世界が人の前に姿を現したのだということを私たちは追体験することができます。

神話学者の大林太良（一九二九〜二〇〇一）氏は、『世界神話辞典』（角川書店）の総説の中で、〈神話とは、原古つまり世界のはじめの時代における一回的な出来事を語った物語で、その内容を伝承者は真実であると信じている。したがって神話は聖なる物語である。神話は存在するものを単に説明するばかりでなく、その存在理由を基礎づけるものであり、原古における神話的な出来事は、のちの人間が従い守るべき規範を提出している。また神話には人類の思考の無意識の構造が基礎にある。神話は神話的出来事の反復としての儀礼とともに、それを伝承する民族の世界像の表現である。〉（「神話学とその歴史」）と、神話を定義していますが、物語を始めた私たちの祖先は、生み出した物語のひとつの形である神話によって、自分たちが、どこからやってきてどこにいる誰であり、そこでどのように生きねばならぬかという世界の枠組みと自らのアイデンティティと生きる規範を形作っていったのです。

世界の起源、人の起源、死の起源、火や作物の起源が神話で語られていることが示すように、語られる物語は、知識や知恵や発見の宝庫でした。

人は、物語を聞くことを通して世界や人を理解し、生きる手がかりや勇気を身につけ、偉大なるものや未知なるものへの畏怖や憧憬や信仰の念を育んできました。

アイヌのカムイ・ユーカラ、沖縄の古代歌謡おもろ、北欧のエッダ、無文字社会のアフリカの部族の口承歴史等、語られるものには、それを語り継ぐ人々の魂と生命が宿っています。

物語と歴史

「物語」を意味するフランス語は、Histoire です。また、ドイツ語では、Geschichte で、ともに「歴史」を示す言葉でもあります。

ところで、歴史を意味する英語の History の原意が his + story、即ち、彼＝男性の物語であることをご存知でしたか？　世のいわゆる歴史が、すべからく男性の視点で編まれたものであることを鋭く批判したのは、ウーマンリブ運動でしたが、人間は、仏語・独語・英語の原意通り物語を編むことによって初めて自らの歩みに時間軸を持つ歴史というパースペクティブ（遠景を見通す視座）を獲得し、やってくる未来へどう対処すればよいかのヒントを手にすることができるようになったのです。

ある時期、子どもが自分の誕生から現在までの歩みを根掘り葉掘り熱心に聞きたがるのは、人が歴史を語ってきた情熱と同じ衝動に突き動かされてのことではないでしょうか。自らの過去を知ることによって、子どもは自分と世界の関係を推し量ろうとしているのではないでしょうか。また、子どもがお話や昔話を繰り返し繰り返し聞きたがるのは、お話や昔話に隠されている汲めど尽きせぬ知識や知恵から この世に生きる力を得ようとしているのではないでしょうか。

近代の功罪

朝日新聞の夕刊（一九九五年二月一六日付）で次のような文章を読みました。

〈我々は物語りする力を失いつつあるのだろうか。それとも、見たり聞いたりすることと同じく人類に普遍的に備わっている、物語を創造する能力が、低下しているのだろうか。〉

この文章は、東京外語大学アジア・アフリカ言語文化研究所の西尾哲夫（一九五八〜）助教授の「『語り』

の世界へ回帰を図る」と題したマルチメディア時代のアラビアン・ナイト研究についてのエッセイの冒頭の問いかけの一節ですが、私たちが一九七七年以来続けてきた語り手たちの会の活動は、まさにそうした危惧を破局に至る前になんとか食い止めたいがためだったのです。

では、どうしてこのような状況に私たちは追い込まれたのでしょう?

近代に入り、人類は数々の新しいテクノロジー（技術）やマネージメント・システム（管理体制）を生み出してきました。テクノロジーとマネージメント・システムは、私たちの暮らしを合理的で快適なものへと導いてくれましたが、同時に、私たちから多くのものを駆逐し、奪い去ってもいきました。合理的で効率的な国家体制、社会制度、会社組織、学校制度、流通機構、医療体制といったシステムは、次第に個人を組織の歯車と化し、管理の網の目を張り巡らすことによって集団への帰順を私たちに求めるようになってきました。

その結果、個人の自由や権利が制限され、はみだしは規制や制裁の対象になり、人間関係はギスギスしたものになって、私たちはストレス社会での疎外された生活を強いられています。

一方、機械によるマス・プロダクションシステムによって、生産性の低い手作りの産品が追い払われ、エレクトロニクスによるマス・コミュニケーション（大量伝達）によって、肉声肉眼による人と人との触れ合いが奪われました。けれども、私たちは、近代がもたらした利便性にまどわされて、失ったものが何であるのかさえ気づかずに過ごしています。

そしていま、そのことが原因となって目に見えないところで進行していた歪みが、さまざまな病理現象として私たちの前に立ちはだかっています。いじめ、親子をはじめとする夫婦、男女、世代、民族、国家等、人と人の間の断絶や不信、憎悪、争い。ものを生み出す手の能力、心を通い合わせる言語力、生活力、イマジネーション、創造力など、生きる力の低下。生きる目標と生き甲斐の喪失。資源の浪費と環境の汚染等々。

未来へのヴィジョン

すでにもう言い尽くされ、論じ尽くされてきたにもかかわらず、一向に出口が見えてこない苛立たしさと無力感に、ともすれば私たちはさいなまれますが、ここで放り出しては人類に未来はありません。『モモ』や『終わりのない物語』等の作品で、現代の隘路から脱出する手段としてのファンタジーの可能性を追求しているドイツの文学者ミヒャエル・エンデ（一九二九～一九九五）は、

〈至る所で、我々の文明は、限界に突当たっています。人間は繰り返し、その限界から、自分自身のもとへ投げ返され、従来の方法では、一歩も進めないことに気付くのです。現代では、ポジティブなユートピアが、ほとんど見当たりません。過去の、最も近い時期に唱えられた、ポジティブなユートピアは、ジュール・ヴェルヌのものです。彼は、まだ技術が人間を解放しうると信じていました。それから、別の方面で、カール・マルクスのものもそうです。彼は、階級のない社会を、幻想的にユートピアとして掲げたのです。どちらのユートピアも、時がたつにつれて、極めて疑わしいものになってきました。新しいユートピアは、まだ現われていません。ユートピアを欠いているということは、未来に投影すべきヴィジョンを持たない、ということです。ユートピアなしでは、人は本来、生きていけないのです。〉（雑誌『第三の道』第3号「特集ミヒャエル・エンデ」人智学出版社）

と、インタビューで語っています。

エンデのいう「ユートピア」を描き出す力こそ、人間の持つ物語を紡ぎ出す力にほかなりません。そして、その力が弱まっていることこそが、さまざまな病理現象を招来している根源なのです。

語りの持つ力

ここで再び西尾氏のエッセイに戻りましょう。

〈耳は聞くだけ、目は見るだけ、口は話すだけのものではなく、かつて語り手と聞き手の間には、物語をはさんで五感を総動員するような緊張した空間があり、その中を物語がまるで自らの意志を持っているかのごとく、縦横無尽、変幻自在に姿を変えていた。〉

ところが、

〈現代の物語は論理明晰性を金科玉条とし、その慣性の力によって生命を維持している。それとは異質な、物語本来の内発的な力が、アラビアン・ナイトにはあったはずだ。〉

と、論じています。

西尾氏のいう「物語本来の内発的な力」は、まさに語り手と聞き手の間を切り結ぶ肉声の語りの中に宿っているのではないでしょうか。氏は、マルチメディアを駆使して、アラビアン・ナイトの構造を解析し、データベース化して、その内発的な力を文字、音声・映像で再構成することにより、「語り」の世界への回帰を図る夢をエッセイに書かれています。

マルチメディアにそれが可能かどうかは、別の機会に譲るとして、「いまなぜ語りなのか」を考える上で、貴重な手がかりを与えてくださった氏のエッセイに深く感謝したいと思います。

近代が生んだマネージメント・システムとテクノロジーによる生活の変容が、私たちを、肉声によって立ち現われる論理を超えて魂を揺るがす語りの世界から遠ざけました。その結果として、私たちは心にユートピアを描き出す力を失い、現実の重い呪縛から脱け出して、明るい未来へと一歩を踏み出せずにいます。

いま、私たち、特に子どもたちに、肉声による語りが緊急に必要な理由は、ここにあるのです。

2　語り手を駆り立てるもの

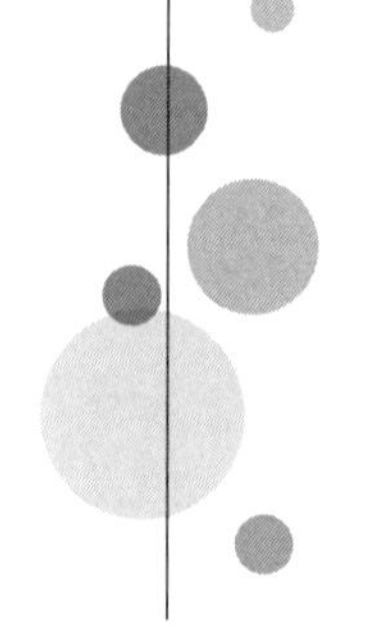

生の輝き

人はなぜ語るのでしょう?

すぐれた不条理劇を書き残したフランスの劇作家サミュエル・ベケット（一九〇六〜一九八九）の代表作の『ゴドーを待ちながら』の中に、登場人物であるウラジミールとエストラゴンの間で交わされる次のような会話があります。

ウ「生きたというだけじゃあ満足できない」

エ「生きたということを語らなければ」

ウ「死んだだけじゃあ足りない」

エ「ああ足りない」

人は、生きているという証しを求めて語るのでしょうか。アメリカの新人類をテーマにしたダグラス・クープランド（一九六一〜）という若いカナダの作家の小説『ジェネレーションX』（黒丸尚訳　角川書店）にもこんな興味深いシーンがあります。登場人物の一人が仲間に問います。

〈金をつぎこんでの、嘘っぽいヤッピー体験、たとえばゴムボートの急流下りとか、タイでの象乗りとかは、数に入らないわよ。あたしが聞きたいのは、あなたの人生でのちょっとした一瞬のこと。その瞬間が、あなたが本当に生きていることを証明してくれるもの〉

すると、仲間たちは、思い思いにその瞬間について語り始めます。

〈……歩行者信号が緑になったから。で、あたしが振り返って歩きだそうとしたとき、顔にバアンと、生まれて初めての雪がぶつかった。それが眼の中で溶けたの。最初は、それが何なのかもわからなくて、でも見たら、何百万と雪があるでしょ――真っ白で、オゾンみたいな匂いがして天使が脱ぎ落とした皮膚みたいに、下へと漂ってくる。アランですら足を止めたわ。車は警笛を鳴らしてよこしたけど、時間が止まっていた。だから、そう、――地球を去るとき、記憶をひとつだけ持って行くなら、その瞬間だわ。……〉

別の一人は、まだティーンエージャーだったある日のこと、セルフサービスのガソリンスタンドで初めて父親から給油することを任されて、失敗してそこら中にガソリンを撒き散らしてチビりそうになったときの一瞬を語ります。

〈父さんは小言の代わりにニッコリして、こう言った。「なあ、お前。ガソリンの匂いって、いいだろう。眼を閉じて、吸いこんでみろ。とっても清潔だ。未来みたいな匂いがする」〉

彼らが語ったそれぞれの一瞬こそ、彼らの生が輝き、燃え上がった至福の時であり、だからこそ語らずにはいられなかったのではないでしょうか。

思いを託す

私たちが子どもを前にして、自らの人生を語る時があるとすれば、『ジェネレーションX』の若者たちのように、人生の至福の一瞬を語るか、あるいは、巡り合った苦難のひとときについて語るのではないでしょうか。

語りながら、私たちは、子どもたちがその語りから生きることへの希望や勇気や教訓を聞き取って欲しいと願わずにはいられないでしょう。

今日、私たちの前に語り継がれている物語の中のいくつかは、幾世代もの語り手たちのこうした熱い思いの結晶としてあります。おじいちゃんやおばあちゃんの、お父さんやお母さんの語り手たちが、それらの物語を、孫や我が子に語り聞かせたきっかけの多くは、子どもの喜ぶ顔を見たいとか、子どもにせがまれてとか、知恵をつけたいとか、人間なら誰もが持つ素朴な願いからだったに違いありません。しかし、物語には、それだけでは説明することのできない内容を持つものや、語り手をもっと他の理由で駆り立てるものがあります。

そうした物語は、どのような動機で語り継がれてきたのでしょうか。

情念の澱み

中国の山東大学の日本語教師として大陸に渡って、若者に日本の昔話を語り聞かせた語り手たちの会会員の寺内重夫（一九二五〜）氏が、『中国民間文学集成遼寧巻』から訳した中国の昔話のひとつに「刑(キエン)前見母(チエンジアンムー)」と題したお話があります。

〈昔、母親に甘やかされて育った子がいました。どんないたずらをしても母親は叱りませんでした。ある日、この子が魚屋から魚を一匹とって来ました。「いい子だねぇ、人に見られなかったかい」「見られなかったよ」すると母親はこの子をほめ「マアー、わたしの子は本当にいい子だよ、あした魚屋が見ていない時に、また一匹とって来ておくれ、お金を払わなくて済むからね」と言いました。それから、今日は塩、明日は針と、何でも盗むようになり、この子は若者になってとうとう泥棒になりました。ある時、人の家に金を盗みに入り、人を殺して捕まり、死刑に決まりました。処刑の日に若者は母親に会いたいと求め、母親が来ると母の乳が吸いたいと言う。母親が襟を開いて吸わ

せると、若者は母親の乳首を一口で噛み切ってしまいました。〉

このお話は、表面は勧善懲悪の形をとっています。でもどうもそれほど単純ではなさそうです。ブラックユーモアなのでしょうか。このお話を語る語り手の心の奥底に去来する情念は一体どのようなものなのでしょう？

このお話がいつのころから語り継がれ、歳月を経るうちに筋やディテールがどのように変わったかを知ることはできませんが、このお話がいまこのような形で私たちの前にあるということの中に、答を見つけ出すヒントがあります。

若者は刑を前にしてなぜ悔い改めなかったのか。
若者はなぜ母親を殺さずに乳首を噛み切ったのか。
若者の行動は計画的か、それとも衝動的か？
母親はなぜ若者になった息子に胸を開いたのか。
若者は母親を憎んでいたのか。
母親は刑を宣告された息子にどのような感情を抱いていたのか。
語り手がこのお話を選ぶ内的な動機は？
語り手は聞き手にどのような反応を期待しているのか。
そして、聞き手の反応は？

おそらくこの話を語り継いできた人々も聞き手たちもそれほど深くは考えずに、息子を泥棒に育てた母親が報いを受けた因果応報物語として受け止めてきたのではないでしょうか。けれども、右にあげた疑問を一つ一つ追求していくと、このお話が隠し持っている語り手聞き手双方に関わる意識下の構図が透けて見えてきます。

一つの例をあげると、母親の乳を吸いたいと願った息子が、予想を裏切って乳首を噛み切ったことを知った瞬間に感じる衝撃。これこそは人の心の奥深くに潜む攻撃性や嗜虐性（しぎゃくせい）を象徴的に表わしているのです。

寺内重夫氏からいただいたお便りによると、中国の故事（昔話）の「刑前見母」を語ったのは、一九三二年生れの農民出身の姜淑珍（チアンシユウツエン）という女性で、「甘やかされて育った息子は、母親を恨んだのです」と、結びの言葉がついていたということです。母親の乳首を噛み切るというショッキングな行為が、母親への復讐であったとしても、なぜ、乳首なのか？　乳離れ（母への決別）を象徴しているとも考えられますし、乳首を噛み切ること（カニバリズム＝人肉嗜食（しょく））によって母親と一体となり、ともに死への旅路へ出発しようとしたと考えることも可能でしょう。

このお話を、すべてを呑み込むグレートマザー（大母（たいぼ））に取り込まれた（盗みと人殺しによって自分の人生を奪われた）息子の物語と聞くこともできます。それにしても母親の乳首を噛み切って自由になった息子を待っているのが死刑というのは、何とも悲しい結末ではありませんか。さらにいろいろに推理を巡らせることができますが、たとえどのような意図が隠されていたとしても、この結末を持ったままこのお話が語り継がれてきた事実の中に、語り手たちを駆り立ててきた何かが宿っていると考えざるを得ないのです。

なぜなら、伝承の過程で、この結末に変更を加えることもできたはずですから。「刑前見母」の語り手は、お話の結末から自らが受けた衝撃を、共感するにせよ反発するにせよ、丸ごと聞き手に伝えたかったに違いありません。その衝撃は、おそらく人間に潜む得体のしれない自分ではコントロールできない力のもたらすものであり、底知れず複雑な愛や性の現われ方がもたらすものだったのではないでしょうか。

ところで、お話の伝承には、聞き手の存在を欠かすことができません。もしも聞き手がこの結末に拒絶反応を示していたら、この結末はもっと違ったものになっていたでしょうし、あるいはこのお話自体が消滅する運命をたどったことでしょう。聞き手を前にして語ったことがある人なら、聞き手の反応が語りに大きな影響を及ぼすことにお気づきでしょう。聞き手に受けた部分は、次に語る機会にはさらに協調され、受けなかった部分は、さらっと流されたり、省略されたり…お話の伝承は、語り手聞き手双方の見えざる意志のキャッチボールによって語り継がれてきたといえます。

では、このお話から聞き手は何を受け取ってきたのでしょうか。おそらく、聞き手は、勧善懲悪や因果応報、愛情のかけ方といった人の道の教訓や警告と共に、一筋縄ではとらえることのできない不気味な人間性についても学びとったでしょうし、さらには、内なる攻撃性や嗜虐性をひそかに満足させていたのかもしれません。中国には、古来『水滸伝』『聊斎志異』『紅楼夢』等、人間性の基底に潜む闇を描いた文学の縹渺たる水脈があることも忘れてはならないでしょう。

このように、語り手たちは、何かに衝き動かされてお話を語ります。お話は、その語り手の心身のありようを、と同時に聞き手の心身のありようを、問わず語りに示しているといえるでしょう。

時代の心性

語り手聞き手の心身のありようは、その人が生きる時代に大きく左右されます。

おなじみの「シンデレラ」を例にとりましょう。

ご存じのように前近代のヨーロッパで広く語られていたこのお話はシャルル・ペロー（一六二八～一七〇三）とグリム兄弟によって再話（一八一二　初版第一巻）され世界的に有名になりました。

シャルル・ペローは、一六九七年に出版した『昔話集』の中で、グリムは一八一二年に出版した『子供たちと家庭の童話集』の中でそれぞれの再話を発表していますが、二つを比べてみると、多くの相違点があることに気づきます。

一番大きな違いは、シンデレラが王子と結ばれた後の二人の姉妹の扱いです。ペロー版では、反省した二人は許されてお城に住み、貴族と結婚しますが、グリム版では、シンデレラの結婚式に出席する行きと帰りに、二人は鳩によって両目を啄（ついば）まれて失明してしまいます。

この違いは、どこからきたのでしょうか。

ペローは、収録したお話の終わりにそれぞれ「教訓」なる一文を書き加えています。「シンデレラ」の教訓は、

〈美しさは女性にとって稀な財産、みな見とれて飽きることはない。しかし善意と呼ばれるものは、値のつけようもなく、はるかに尊い。…以下省略〉（「サンドリヨン」新倉朗子訳　岩波文庫）

であり、姉妹の扱いもシンデレラの寛大な心や善意の表れとして描かれているのです。

一方、グリムは、お話の締めくくりで、

〈こうして姉たち二人とも、心がねじけていていじわるだった罰として、一生目が見えなくなりました。〉（「灰かぶり」金田鬼一訳　岩波書店）

と、いじめ側の末路に重きをおいて描いています。

このように、再話者がどのような立場に立っているかによって原話の扱いが違ってきます。また、再話者は、当然、その時代の影響下にあります。ペローの再話の意図が明確に出ている「教訓」は当時の社会、家庭、親子、男女のあり方の枠組みや、善悪、賞罰といった倫理観や価値観に基づいて書かれていますし、グリムの再話が読者や評論家の反応を見ながら、版を改めるたびに残酷な表現を和らげていったことは、よく知られている事実です。再話者と同じように、語り手も意識するしないにかかわらず時代の心性をお話に託して語ってきたのです。

身近な例として「桃太郎」について考えてみましょう。

桃太郎の思い出

「桃太郎」は、今なお語り継がれる人気の高い昔話の一つです。現代にあって、この話はどのような動機で語られるのでしょうか。語り手（読み手を含めて）を魅きつけるのは、どんなところなのでしょうか。

児童文学者の大川悦生（一九三〇〜一九九八）氏は、昔話の思い出をこう書いています。

〈わたくしは、当時まだ農村だった岡山市郊外で育ったのですが、小さかった頃毎晩のように、

「お母さん、昔話をしてつかあさい」

と、寝物語をねだったものでした。ところが、弟を先に寝かしつけている母は、なかなかこっちを向いてくれません。もう、母はすっかり眠くなっていて、桃太郎をはじめたと思うと、じきに花咲爺さんや、かちかち山とごちゃまぜになりました。だから、桃太郎が枯れ木に花を咲かせたり、うさぎが鬼征伐に行ったりするしまつなんです。

「おかあさん、ちがうよ。こうだったじゃないか」

わたくしはそういって、母の昔話をなおし、なおし聞いたものでした。しかも、母がしてくれたのは、せいぜい五つか六つくらいの、ありふれた話ばかりだったのですが、それから六十年、七十年とたった今でも懐かしく思い出されます。そんなに忘れないところを見ると、母に昔話をしてもらうのが、よっぽど楽しいひとときだったのでしょう。〉

『日本のむかし話』（坪田譲治著　偕成社）の解説に寄せられたこの一文は、大正・昭和初期の平均的な家庭での昔話の伝承のありようを生き生きと表わしています。昭和一桁生まれの私も、同じように両親にお話をねだったことを思い出します。「桃太郎」についての思い出は、母が「どんぶらこ、どんぶらこ」と歌うようにくり返していた声の調子とリズム、お付きの者がねだった日本一のきびだんごへの憧れ、

そして講談社の絵本に描かれた凛々しい桃太郎の姿です。

おそらくは、どこの家庭でも多くの親や祖父母が、大川家や我が家同様、子どもの求めに応じて自分のレパートリーの中から選んだお話を語って聞かせたに違いありません。その私たちの親や祖父母が生きたのは、まさしく近代化の嵐の吹き荒ぶ真っ只中でした。古きより新しきを尊ぶ風潮のなかで、かつては親や祖父母から子や孫の世代へと口伝えに伝承されてきたお話にも変化の兆しが現れたのです。鎖国を解くことから始まり、怒濤の如くわが国を襲った近代化は、欧米列国に追いつけ追い越せの大号令の下、明治・大正・昭和の三代にわたって、国家の根幹のあり方から国民の暮しの端々に至るまで隈なく推し進められました。

その過程で、すでに江戸時代に登場した赤本と呼ばれる絵入りの読み物によって人々に親しまれていた昔話は、国民を教化するメディアとして、あるものは修身や国語の教科書に、あるものは唱歌に、あるものは絵本に取り入れられて、口伝えによる地域の伝承を超えた国民的な共通文化財となっていったのです。むろん、そうした大きなうねりの中にあって、主として農村では口伝えに語り継ぐ営みも途絶えることはありませんでしたし、すべてが失われる前に昔ながらの語りの記録を残そうという営みも続けられていました。

こうした時代を背景にして、「桃太郎」や「金太郎」や「一寸法師」は、男の子は強くあれ、強く育って富国強兵を担う勇敢なる兵士たれ、という隠されたメッセージを託されて広がっていったのです。

桃太郎が背負っていた「日本一」の旗印は、風にはためく日の丸と重なり、「日本一」という言葉の響きは、聞く者の内なる愛国心を鼓舞したに違いありません。やがて鬼は、鬼畜米英に置き換えられ太平洋戦争中には、戦闘機乗り「荒鷲桃太郎」が米英軍を相手に繰り広げる武勇を讃えるアニメーションまで作られました。私が子どもだった戦前、戦中を、今振り返ってみると、軍国主義に代表される拡張主義が吹き荒れていた時代で、家族を取り巻く社会や文化や教育もそうした心性にどっぷりとつかっていたことがわかりますが、当時はそのように物事を相対化してみることなどできなかったのです。語り手であった母も、聞き手であった私も、意識する事なく「桃太郎」に託されていた隠れたメッセージをやりとりしていたに違いありません。時代の心性は、気づかれないように語り手に忍び寄り、語り手を駆り立てて、語らせるのです。

桃太郎の原意

「桃太郎」については、民俗学者の柳田国男（一八七五〜一九六二）が、〈『桃太郎』の昔話等も、日本に根を生じてからよほど年久しいとみえて、その樹は何代となく生い代わって、もともとの株は枯れている。したごうて神話時代の桃太郎原型は、蛇聟入譚（へびむこいりたん）のごとくわれわれの目に触れる処に残っていない〉と、『桃太郎の誕生』（「童話の起こり」三省堂）の中で詳しく論じており、子ども向けのお話として語り継がれる過程で、おそらく「妻覓（ま）ぎ」（妻を捜す）という主題が脱落したのではないかと指摘しています。

評論家（比較思想・文化論）の清田圭一（一九三五〜）氏は、その著『幻想説話学』（平河出版社）で、失われた「桃太郎」のルーツについて、興味深い論考を展開しています。

お話の発端、「おばあさんは、かわへせんたくに、おじいさんは、やまへしばかりに…」を、私たちは、文字通り「洗濯」、「柴刈り」と読んでいますが、その原意は…

〈洗濯とは、古代では、陽気が高まり草木の伸びが一通り変わった時期——現在の四月中旬——に川の水を浴びて心身を清める禊（みそぎ）を指す言葉であった。（中略）つまり、お婆さんは春の流れで心身を清めた後に祖先の霊を降ろす儀式を執り行っていたのである。

いっぽう、お爺さんが山へ柴刈りに行ったのも、薪をとって暖房用に売ったりするためではない。刈った柴は山頂で両手に捧げて焚き、やはり神に呼びかけて、その降臨を願うのである。〉

お婆さんは巫女（みこ）、お爺さんは覡（げき＝男の巫）で、危機に瀕していた国（現代の村か郡程度）を救う目的で、祖霊の降臨を願ったのが、お話の始まりだったというのです。

国の危機とは、隣接する異種族との呪法比べに敗れ、疫病が蔓延していた状態を指し、二人は祖先の霊の力を借り、疫病の原因となっている死者の霊（鬼）を征伐しようと願ったのでした。

〈川で洗濯祓除を済ませたお婆さんは川上から流れてきた桃を拾った。それは祖霊によってもたらされた生命の樹の不死の実たる桃であった。（中略）

　生命の樹の実の生を受けて戦士の霊魂はたちまち戻ってきた。桃太郎の誕生――厳密には、魂の回生――である。

　そして、鬼征伐へ赴くことになった。〉

鬼征伐といえば、キビ団子とお供についた家来たちです。

〈黍団子というのは黒黍の団子で、（中略）もちろん各種の薬草も混ぜられていたであろうから、後の却鬼丸あるいは弾鬼丸と呼ばれた丸薬のようなものかも知れない。（中略）

　お爺さんとお婆さんは、また、桃太郎を援ける供をつけた。犬と雉と猿である。〉

犬は、古代中国以来、蠱（悪気）を防ぐ動物。雉は、呪法を運ぶ風神の使者。この二種は供として役立ちそうですが、猿については、清田氏も供にした理由が今ひとつよく分からないということです。

〈ともあれ、こうして供も揃ったので、お爺さんはそれらを殺して首を斬り皮を剝いで、国境にしつらえた棚に桃太郎の髑髏と共に並べた。祖霊の乗り移ったお婆さんは髪振り乱し、手足を挙げて舞いつつ、疫病を送り返してその地にとどめる呪禁を唱え続けた。

　桃太郎と鳥獣の霊は風に乗って隣国へ漂い至り、相手方のおびただしい呪物と、人の目には見えぬ壮絶な戦闘を繰り広げたのち、みごとに討ち勝って鬼征伐を成し遂げたのであった。〉

この論考は、「桃太郎」が語り始められた大昔の原意にきわめて近いものと思われ、私たちに多くのことを教えてくれると同時に、伝承や再話のあり方に重い問いを投げかけています。

戦前、戦中に「桃太郎」が国家のプロパガンダの浸透に一役買ったことはすでに触れましたが、一九九五年五月にアメリカでコメディアンとして活躍していたＴＡＭＡＹＯが発表した『ももたろうの悪事』（ＴＡＭＡＹＯ『日本おとぎばなし集』青山出版社）では、桃太郎は、アメリカのギャング並みの悪者とされ、鬼退治も〈聞こえはええが、実はなーんもしとらん者を力でねじ伏せ〉て金品を強奪した悪事として物語られています。また人気ゲームソフトでは、貧乏神を相手に業績拡大をはかる社長として活躍している「桃太郎」もいます。

こうしたバリエーションは、なにも現代に限ってのことではありません。児童文学評論家の鳥越信（一九二九～二〇一三）氏の著『桃太郎の運命』（日本放送出版協会）には、昭和初期にプロレタリア文学者によって書かれた数多くの「桃太郎」の改作や芥川龍之介による悪者「桃太郎」など、時代の心性や作家の感性によってさまざまに姿を変えさせられた「桃太郎」が記録されています。

このように、私たちが、現代の語感や知識で語っている昔話には、それらが語り始められたときに込められた原意（祈り、願望、規範、人生訓、諧謔（かいぎゃく）、喜怒哀楽といった様々なメッセージ）があったのです。けれども、時代を経るうちにいつの間にか原意のあるものは忘れられ、あるいは時代の心性によって歪曲されていったに違いありません。一方、多くの語り手たちの口を経るうちに原意がいっそう強化されたり、単純化されて明確になったものもあるでしょう。語り継がれたお話の一つひとつに、目に見えない歴史が潜んでいるのです。その一つひとつの歴史を読み解く努力を重ねてお話の原意に近づくとき、お話は時代を超えて生命をよみがえらせ、語り手の肉声を通して聞き手の魂を揺さぶるのではないでしょうか。また、語り手が、たとえどんなきっかけであったとしても、昔話や説話を語るとき、そのお話を語り継いできた無数の人々の情念の蓄積と、お話が内に秘めているメッセージの見えざる力が、ざわざわと語り手を駆り立てるのではないでしょうか。

3 物語と語り手の相互作用

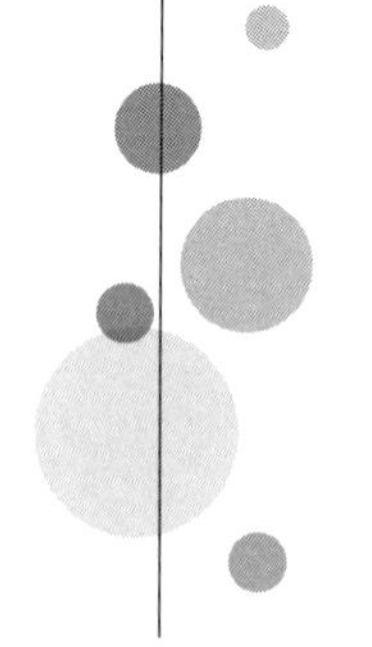

物語と語り手聞き手

物語と語り手の誕生は、人間が言葉を操るようになった太古に遡ります。この人間特有の営みは、古来、様々な学問の対象となり、多くの分析や解釈がなされてきました。

語り＝ナレーションを研究する学問を、ナラトロジー＝narratologyといい、物語と語り手聞き手の両面からアプローチした興味深い研究が、世界的な規模で進んでいます。この章では、ナラトロジーの研究成果を踏まえながら、語りとは何か、物語とは何かといった疑問を、物語と語り手聞き手の関係を軸にして探ってみたいと思います。

まず、物語から始めましょう。

フランスのナラトロジーの研究者、アルジルダス・ジュリアン・グレマス（一九一七〜九二）によれば、最も単純な物語は、「アダムはリンゴを食べた」というような一つのセンテンスになるのだそうです。

このセンテンスは、ある人物（アダム）による行動（リンゴを食べる）が空間的に展開し、時間的に継起する（食べ終わった）のを表現しており、物語の要件を満たしています。（この場合、物語は、フィクションとは限られていません）

そこで、解釈学の久米博（一九三二〜）氏は、〈われわれが自分自身も含めて、人間の行動を、発端＝展開＝結末というように、ある時間的な長さで捉えて記述しようとするとき、われわれは必然的にそれに物語の形を与えてしまう。つまり物語の形で行動をたどり、理解するのである〉と、「準―物語テクストとしての神話・夢・幻想」（『思想』一九八五年九月号 岩波書店）の中で述べています。

物語を、作られたお話と捉え、語りを、すでにできあがっているお話を聞き手に伝える行為と考えていた方には、ショックかもしれませんが、物語を意味する言葉と歴史を意味する言葉が共通であるという事実と、語り部の歴史を思い起こしてくだされば、語るという行為が、想像以上に、私たち人間にとって広く、深い意味を持つ営みであるということにお気づきいただけるでしょう。

私たちが経験したこと（人間の行動）を語るとき、そこに必然的に一編の物語が立ち現れます。この物語は、自分や人間や世界について感じたことを、その人の言葉で時系列にそって組織化したものので極めて私的な営みですけれども、語り手の語った物語が聞き手に届き、聞き手の意識の中で再構成され、聞き手の経験や感性と響き合ったとき、そこに個性的な経験を超えた一つの物語世界が現れ、生き生きと息づき始めます。

この物語世界を語り手聞き手が共有することこそ、語りの醍醐味であり、語りが目指している理想的なあり方といえるでしょう。

物語の力

物語には、人の心を動かす力があります。では、その力はどこからやってくるのでしょうか。

秘密を解く鍵は、物語そのものに潜んでいるとともに、語ることによって物語を生み出している語り手、聞くことによって語り手とともに物語世界を創造している聞き手の両者の中にあります。

どの物語もテキストを持っています。テキストは、グリム童話に代表されるような紙の上に書かれたものばかりではありません。声によって語り継がれた昔話のように語り手の記憶の中に刻み込まれている場合もあります。テキストは、当然のことながらある意味・内容を持っており、それを有効に聞き手に届けるための工夫が凝らされています。

ナラトロジーは、大別して二つのアプローチでテキストの持つ力の秘密に迫ります。一つは、テキストの意味・内容がどのような構造、様式、モチーフ（主題）を持っているかを探るアプローチ、もう一つは、意味・内容を興味深く感動的にするためのストラテジー（工夫・戦略）を探るアプローチです。

前者の例が、ナラトロジーの創始者とされるロシアのウラジーミル・プロップ（一八九五～一九七〇）の研究です。

一九二八年に発表された『昔話の形態学』の中で、プロップは、多数のロシアの魔法昔話を分析した結果を次のように述べています。

〈①それらの物語に共通で普通な要素は、登場する人物が何をし、その物語の中でどのような役割を果たしているか（機能）である。

②その機能は、三十一タイプに分類できる。

③登場人物の機能は、お話の流れの中で、常に同じ順序で現れる。

④あらゆる魔法昔話は、構造的に一つの同じタイプに属する。〉

たとえば、娘を略奪する、あるいはその結果として、娘が姿を消すという「加害または欠如」から始まり、主人公が娘を取り戻しに「出立」し、途中で出会った何者かから不思議な力を授けられ、即ち「呪物（じゅぶつ）の獲得」……といったいくつかの中間機能を経て、「戦い」「勝利」の結果、娘を救出して「結婚」で終わるお話があったとすれば、①～④の要素を満たしており、魔法昔話の一つということになります。

その後、この研究に刺激された多くの研究者が、さまざまな物語分析の方法を生み出しました。多くの物語を分析して、その構造、様式、モチーフを探った結果、不思議なことが分かりました。それらの物語が生まれた時代も場所も文化的な背景も異なっているにもかかわらず、驚くほど似通っているという事実です。

たとえば、恋愛をモチーフにした物語の場合、それがアフリカのものであれ、中国のものであれ、ラテンアメリカのものであれ、古代のものであれ、中世のものであれ、その中心をなすのは男女の心の動きであり、その心の動きに基づく行動であって、それらを、私たちは理解することができます。理解できるということは、恋愛物語の構造、様式、モチーフが似通っているからに他なりません。

即ち、物語は、ある構造、様式、モチーフを備えることによって人の心を捉える力を獲得するといえます。もしそれらが支離滅裂な場合、私たちはその物語を理解することが困難になるでしょう。

物語の筋立て

今世紀の半ばに登場した物語記号論は、物語の深層に潜む論理を追求し、物語が伝えようとしている意味・内容を符号化することを目指す研究法ですが、フランスの研究者ポール・リクール（一九一三〜二〇〇五）は、実際に私たちが物語に感動したりする手掛かりにしているのは、むしろ物語の表面にあって容易にキャッチできる論理＝筋立てであるとして、その著者『時間と物語』（新曜社）の中で筋立てを軸にした分析を展開しています。たしかに、私たちが語りに聞き入る時、まず物語の流れ＝筋立てを楽しみます。次に、筋立ての背後に隠れている意味・内容について考えます。意識的に考える場合もありますし、無意識のうちに感じ取っている場合もあります。

よく聞き終わった後、「今のお話は、心にストンと落ちた」と感じることがありますが、その場合、表面的な筋立ての面白さだけではなく、物語の意味・内容をきちんと受け取ることができているのです。

リクールによれば、筋立てとは、さまざまな人物の行動やさまざまな出来事が時間的に展開することで、その結果新しい秩序や世界が現出することになります。時間は、本来、抽象的、物理的なものですが、それが物語の登場人物の行動や出来事として展開されると、具象的、人間的なものとなります。一方、物語は、時間的な展開によって初めて十分な意味・作用を獲得することができるのです。つまり、物語は、時間を内に取り込んだ筋立てによって聞き手を捉える力を備えることになるのです。

このことをサン＝テグジュペリ（一九〇〇～一九四四）の『星の王子さま』（内藤濯訳　岩波書店）で検証してみましょう。

プロローグとエピローグを持つこの物語は、サハラ砂漠に不時着した私（飛行士）が、星からやって来たという少年（王子）と出会い、別れるまでの十日間と、王子が、自分の星を出発して六つの星を経て（この間どれだけの時間が経過したかは分からない）、地球に降り立ってからの一年間という、二つの時間の流れの中で起こった出来事によって筋立てられています。

読者は、二つの時間の流れの中でそれぞれの登場人物が経験した出来事を、物語の筋として読むことを通して、十日間と一年間という時間を、飛行士と少年とのある特別な意味を持つ時間として受け止めます。と同時に、二人が共有した特別な意味を持つ時間（物語）に心を揺り動かされた読者は自らの内部に『星の王子さま』の物語世界を組み立てるのです。

語り手（作者）と物語と聞き手（読者）の間に生まれるこの関係を、テグジュペリは登場人物の一人であるキツネの口を借りてこう記しています。

〈うん、そうだとも。おれの目から見ると、あんたは、まだ、いまじゃ、ほかの十万もの男の子と、べつに変わりない男の子なのさ。だから、おれは、あんたがいなくたっていいんだ。あんたもやっぱり、おれがいなくたっていいんだ。あんたの目から見ると、おれは、十万ものキツネとおんなじなんだ。だけど、あんたが、おれを飼いならすと、おれたちは、もう、おたがいに、はなれちゃいられなくなるよ。あんたは、おれにとって、この世でたったひとりのひとになるし、おれは、あんたにとって、かけがえのないものになるんだよ……〉

ある人やある物を、その人にとって「かけがえのない」存在にするのが「飼いならす」という行為であるとすれば聞き手を「飼いならす」のは、物語の筋立てということになります。魅惑的な筋立てが、物語にとっていかに有力な説得力となるかは、人の前で語った経験をお持ちの方なら納得していただけるでしょう。

語りを魅力的にする戦略

では、物語の構造についてのアプローチは、ここで一休みすることにして、つぎに、物語を興味深く感動的にするためのストラテジー（工夫・戦略）について考えてみることにしましょう。

語り手は、どうすれば聞き手を楽しませることができるか、感動させることができるか、説得することができるかを考えながら、戦略を立て、語り方に工夫を凝らします。

まず、何を語るかを決めるテキストの選択から始まって、その物語がどのような意味・内容を持っているかを探るテキストの読み込みをし、筋の展開、言葉遣いに検討を加えて、聞き手に合わせて修正したり、付け加えたりするとともに、どのように語れば聞き手の心を捉えることができるか、語り方の演出プランを立てます。声のトーン、高低、強弱、語るテンポ、リズム、間合い、繰り返し、ローソク等の小道具の使用や、語る場所の雰囲気作り等々が、演出プランにそって進められます。これらは、いわば技術にかかわる作業ですが、ナラトロジーでは、そのもう一つ前の段階を取りあげて研究しています。前の段階とは、人間が物語を頭の中に考え出す力、語り手聞き手がその物語を理解する力が、一体、どこからやってきたのかという問題です。私たちが持っているこの力（物語能力）はどこからきたのでしょうか。

昭和五四年（一九七九）の夏、全国的に流行った「口裂け女」の噂を覚えておいででしょうか。どこからともなく白いマスクをかけた若い女性が現れ、「私って美人？」と尋ねながらマスクを外す。

と、真っ赤な口が大きく耳元まで裂けているので、恐ろしくなって逃げ出すと、どこまでも追いかけてくる……といった内容でいくつかのバリエーションがありました。この噂話は、テレビや週刊誌にも取り上げられて、面白可笑しく騒ぎ立てられましたが、やがて下火となり、忘れられました。口承文芸研究者の野村純一（一九三五〜二〇〇七）氏の追跡調査によれば、その後も少女たちの間で伝承されており、新たに、①口裂け女は、三人姉妹の末娘、②口裂け女から逃げる時には、べっこう飴を投げつける、の二つ要素が加わっていたといいます。（『口承文芸の比較研究・I』弘文堂）

この推移を、民俗学者の大塚英志（一九五八〜）氏は、『見えない物語』（弓立社）の中で、〈少女たちが口伝する間に自然に「物語」として完成していった背後には物語の文法の作用があったと考えられる〉と述べ、物語の文法の作用の証例として、

〈「三姉妹の末娘」という設定は、例えば「猿婿入」という昔話で描かれる。父親がうっかりと猿に娘を嫁にやると約束してしまう。上の二人の娘は断るが、一番下の娘は父親の希望に従って猿のもとに嫁ぐ。このように三人の姉妹ないし兄弟がいて一番下の者が上の二人とは異なる不幸な運命を受け入れる、というモチーフは実はほぼ世界中の昔話に見られ、国際的な昔話の話型目録としては最も利用される「*The Types of the Folktale*」にも登録されている。

このように三人の人間に同じ事件が起こるのを「三の構成」といい、昔話の構造の特徴でもある。最近の「口裂け女」の話では「一人目は整形手術に成功し、二人目も成功し、三人目もこれにならったが失敗した」と、三姉妹のそれぞれに具体的に言及し完全に「三の構成」をとっている。〉

この噂話＝都市伝説に、昔話の構造の一つである「三の構成」を導入したのは、おそらく話をより面白くしようとする一人の少女の思いつき（戦略）だったと思われますが、少女にそうさせた力と、新たに加わった要素を面白がって受け入れ、語り伝えた無数の少女の力こそ、私たち人間に潜む「物語能力」の働きだったのです。

物語能力の不思議

私たちはこのような「物語能力」を、いつどのようにして獲得したのでしょうか。

「物語能力」は「説話能力」ともいいますが、文化記号論の研究者の北岡誠司（一九三五〜）氏は、「ナラトロジー―夢・神話・歴史記述」と題したシンポジウム（月刊『思想』七三五号に収録）の中で、〈どのようなジャンルの物語であっても、それを聞いたり、読んだりしたことのある人間には、差はあるにしても、物語能力というものが―これはどうやら大脳の左右両半球にまたがるらしいのですが―、そこにインプリンティングされているというふうに想定できそうなのですね〉と、語っています。

インプリンティングされているということは、私たちの言語能力と同じように、大脳に刷り込まれているということなります。インプリンティング＝刷り込みという用語は、動物が成長過程のごく初期に、外部からある刺激を受け続けると、生涯にわたりその刺激を発する対象に向かって特定の行動を示すようになる現象を表わす生物学の概念で、広い意味の学習の一種と見做（みな）されています。

物語を作る、物語であるかないかを見分ける、物語が面白いか面白くないかを見分ける、といった能力を、私たちは、いつどのようにして学びとっているのでしょうか。

英語と日本語の混在する環境（ケンブリッジ在住）の中で、やっと片言で自分の意志を伝えることができるようになったばかりの二歳の孫が、もうすでに母親の読み聞かせる絵本の物語を楽しむことができ、しかも好きな物語とあまり好きでない物語の区別がつく、というのです。孫の成長を見ていると、赤ちゃんの時から両親や周囲の人々の言葉かけや、寝物語や絵本の読み聞かせ等の積み重なりが、言葉能力や物語能力を大脳に刷り込んでいくさまを、目の当たりにする思いです。それにしても、まるで砂地に水がしみこむようにそうした能力が育っていくというのは、なんとも不思議なことではありませんか。

言葉を紡ぐ

この不思議は、言語の存在そのものに遡ります。そもそも言語の起源には、二つの考え方の流れがあります。

一つは、進化論に基づく自然発生説、ジャン・ジャック・ルソー（一七一七〜一七七八）が提唱した言語起源論等がこの系譜です。もう一つは、旧約聖書に代表される神から授かったとする神授説です。どちらの考えをとるにしても、言語はその起源からして謎に包まれています。これまでアリストテレスに代表されるように、言語（ロゴス）を持つことが、理性（ロゴス）の存在の証明であり、言語は、人間と動物を区別する人間の本質をなすものとされ、思想や感情を他人に伝えるための道具と考えられてきました。ところが現代の言語理論は、こうした考えに疑問を投げかけています。

哲学者の滝浦静雄（一九二七〜二〇一一）氏は、『言語と人間―または、構造と主体』（『言語』一九八二年一月号　大修館書店）の中で、おおむね次のように述べています。

〈言語は、すでにある概念を音声に表現する手段ではなく、むしろわれわれの混沌とした現実を概念化する当のものだということになる。われわれの日常生活においても、自分の考えを言葉に出して言えないうちは、考えがまとまらないと感じられることが珍しくないが、このとき言葉は、すでにある思考の伝達手段というよりも、思考そのものないし思考の完成態になっているわけである。

しかし、われわれの言語体験は、そのようなものだけとは限らない。例えば、言葉だけは知っていたが、その意味するものをよく理解していなかったというふうなことは、われわれの日常生活では決して稀ではないのである。このような場合、われわれの知がつねに言語化によって完成するとは言えないであろう。また逆に、われわれは自分でこの上なく熟知していることを言葉ではうまく表現できないということもある。物の味や色の具合、音色などはなかなか言葉の網にかからないし、それどころか、われわれは毎日見ている家族の顔をさえ、到底言葉だけで他人にわからせることはできないのである。〉

滝浦氏は、ここに引用したように、言語を客観的に捉えようとすると、言語は、私たち各自の思考を越えたある自律性を獲得するといいます。極端な例ですが、今、ここに一匹の猿がいて、コンピューターのキーボードがあってキーボードをでたらめに打つことができるとします。

では、早速やってみてもらいましょう。

「乗れる目の　正二けろこるせえまゆえものこひりせ」

この一行は、猿に代って私が目を閉じてキーにさわった結果です。コンピューターの文章作成ソフトの自動変換機能が意味のある塊と判断したのは、「乗れる」「目の」「正二」の三語でした。

一群の平仮名をよく眺めると、他にも「け」「こ」「せ」「え」「えま」「まゆ」「もの」「えもの」「のこ」「ひ」「り」と意味を持つ文字を拾い出すことができますが、前後の繋がりで文章として成立つものは見出せません。

でも、猿が昼も夜も休みなくキーにさわっているうちには、もしかしたらある意味内容を持つ文章ができるかも知れません。もちろん偶然の賜物ですが、おそらくできるでしょう。猿が言葉で何かを伝えようとしたわけではないのに、偶然並んだ文字がある意味内容を持つ、つまり、言語は使い手の意志とは無関係にある力を発揮することができる、そのことを言語の自律性というのです。

ちょっと遠回りをしましたが、ここで物語能力の話に戻りましょう。

私たちの目の前には、無数の言葉があります。私たちが語ろうとする時、その中からある言葉をある意図のもとに選び、順序立てて並べ一つの物語を紡ぎます。

滝浦氏は、こう論文を締め括っています。

〈現実に語られている生きた言語の成立には、私がこの世界の中で、大抵は誰かに向かって、可能な理論や意味の幾つかを拾い上げ、それらを私なりに結びつけることによって何ごとかを「言おう」とするという、それらの体系にとっては新しい「出来事」の生起が不可欠であるように思われる〉まさにそのような営みこそが、語ることであり、その営みの中から立ち現れる（新しい出来事の生起する）ものこそ物語だといえましょう。物語が最もビビッドな言語活動から生まれるものであることは分かりましたが、その物語を私たちに紡がせているのは一体どんな力なのでしょうか。

模倣や人真似をミミクリーといいますが、同じ語源を持つギリシャ語にミメーシスという言葉があります。アリストテレスは、この言葉に「モデルを真似つつ、対象に意味を与え、生き生きとさせる創造行為」という意味を持たせています。

ナラトロジー（物語論）の研究者ポール・リクール（一九一三〜二〇〇五）は、この概念を使って物語の成立の謎を解こうとしています。リクールによれば、物語の成立には三つの段階があり、それをミメーシスⅠ、ミメーシスⅡ、ミメーシスⅢと呼びます。

物語能力の源泉

ミメーシスⅠは、物語がテキスト化される前の段階です。

まず、物語の素材となる登場人物、その行動、出来事などが混沌としている状態があります。けれども、①それらの行動は、動機、計画、行動者、敵対者といった言葉で整理することができる構造を持っており、解釈し、記述することができます。また、②それらは例えば、復讐、仲直り、幸福、不幸といったことを表わすシンボルや記号によって分類することができます。そして、③それらの行動や出来事は、物理的抽象的な時間ではなく、人間的具象的な時間の流れを生み出します。

つまり、混沌と見える状態の中に、すでに物語性が潜んでおり、それが物語られることを待っている段階といえます。

ミメーシスⅡは、発端—展開—始末といった筋立てに従ってⅠの素材がテキスト化される段階です。

ミメーシスⅢは、こうして生まれたテキストを通して物語が受け手である聞き手や読者に伝わり、受け手の中で再結成、再象徴化される段階で、この受け手の読解行為によって物語が成立し、完結します。

では、人間に備わっている物語能力＝物語を生み出す力、物語を伝える力、物語を受け取り、楽しむ力はどこからやってくるのでしょうか。

中公新書に『胎児の世界』という解剖学者の三木成夫（一九二五〜八七）氏が著した本があります。三木氏は、母胎に宿った胎児の変化を顕微鏡で観察して驚くべき事実を発見しました。妊娠三十二〜三十八日目の胎児の顔の変化に、魚類—爬虫類—哺乳類と生命の進化がたどった痕跡を目の当たりにしたのです。三十二日目には古代魚類と見紛うばかりの顔が、三十六日目には三億年前に地上に上陸した原始爬虫類の顔が、三十八日目には原始哺乳類の顔が現れました。生物学では、胎児の成長にともなう形態の変化を、「個体発生は、系統発生を繰り返す」と古くから表現してきましたが、三木氏は、胎児の顔の変化にもその跡を見て、この生命の深層での出来事を「生命記憶」と呼びました。

では、私たちの意識の深層でも同じようなことが起こっていると考えられないでしょうか。

ナラトロジーでは、神話、夢、幻想（ファンタスム）を生命の進化で出現した原始人から伝わる記憶の痕跡ではないかと考えており、これらを私たちの物語能力の根源に位置づけています。

「口裂け女」の噂話に、無意識のうちに昔話の文法を持ち込んだ少女たち、母親の語りを楽しむ幼子たち、テレビやゲームやディズニーランドでエンターテイメントという形をとる物語を貪欲に消費している若者たち、さらには私たち大人の行動を分析していくと、そこには神話、夢、幻想が影を落としていることを見出すことができますし、人がなぜ語るかという問いへの答も潜んでいることが分かります。

4　人類のメモリー装置としての物語

記憶や願望の集積

語り手が取り上げて語る一つの物語、あるいは聞き手が耳にする一つのお話には、それらが誕生し、語り継がれて今日に至るまでの長い時間に、まるで埃（ほこり）か根雪のように降り積もった数知れない記憶や願望などがぎっしりと詰まっています。一体どれくらいの数の記憶や思いが集積されているのでしょうか。今でも人気が高いお伽話の一つである「一寸法師」を例にして考えてみましょう。

〈一寸法師は鬼に呑まれては、目より出でて跳び歩きければ、鬼も怖（お）ぢをののきて、「これは普通人ならず。ただ地獄に乱（らん）こそ出で来たれ。ただ逃げよ」といふままに、打出の小槌・杖・笞、何に至るまでうち捨てて、極楽浄土の乾（いぬい）の、いかにも暗き所へ、やうやう逃げにけり。

さて一寸法師はこれを見て、まづ打出の小槌を濫妨（らんぼう）し、

「われわれが背を、大きになれ」

とぞ、どうどと打ち候へば、ほどなく背大きになり、さてこのほど疲れに臨みたる事なれば、まづ飯を打ち出し、いかにもうまそうなる飯、いづくともなく出でにけり。不思議なる幸せとなりにけり。〉（『おとぎ草子』桑原博史現代語訳　講談社）

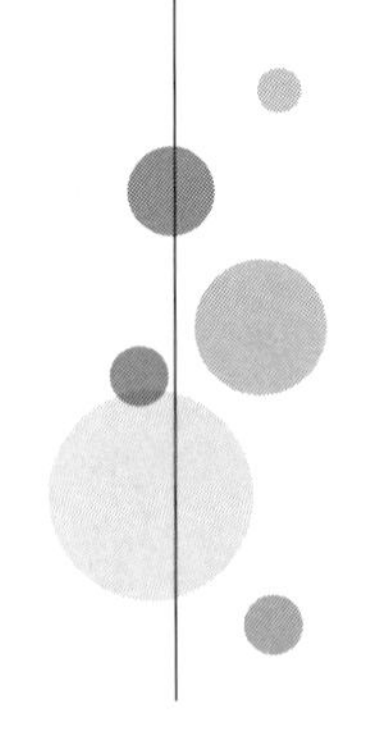

この物語のクライマックスは、一寸法師が鬼から奪い取った打出の小槌を「我が背丈よ、大きくなれ」

と唱えながら打ち振ると、不思議や不思議、背丈が伸びて幸せになる場面です。お話を聞きながら、どれほど多くの子どもたちが不思議をもたらす打出の小槌へ熱い憧れの思いを抱いたことでしょう。

昔話の登場人物に不思議や幸せをもたらす「もの」を呪物とか呪宝と呼びます。

国文学者の丸山顕徳（一九四六～）氏は、室町物語の「小男草子」「ひきう殿物語」等の類話の例をあげ、〈一般的には農作業で藁を叩くのに用いる道具であった藁叩きの小槌が、物語や昔話の中で、鬼の持ち物、竜宮の神の贈り物、民間信仰の中では、大黒様の持ち物として人々の信仰を集めており、打出の小槌として宝物を生み出す呪物となっている。

藁打ちの小槌は、叩き打つことによってその機能を発揮するものである。呪物としての打出の小槌は『叩く』『振る』という積極的な呪的行為によって、望みがかなえられる仕掛けになっている。一寸法師が打出の小槌に祈りを捧げて、財宝を求めたというのではない。積極的に『叩く』『振る』という行為によって、願いをかなえさせたということであり、これが呪術性を考えるうえで重要なことである。〉（『昔話と呪物・呪宝』昔話—研究と資料—25号　三弥井書店）と、述べています。

さらに呪物としての打出の小槌は、仏教とともにインドや中国から伝来したものであるという民俗学者の南方熊楠（みなかたくまぐす）（一八六七～一九四一）の論考と、柳田国男が『桃太郎の誕生』の中で紹介した藁打ち槌で小蛇を打つと立派な美男になった蛇聟（へびむこ）話の例や、洋の東西に叩くことによって財宝を発見するという話が広く分布している事実、日本各地に伝わる新しいお嫁さんのお尻を棒で叩いて安産や豊作を願う風習などから〈打出の小槌が、宝物を発生させるという信仰は、このような霊的なものが寄りつくインド伝来の摩尼宝珠（まにほうじゅ）や如意宝珠（にょいほうじゅ）のような信仰と、広くユーラシアを中心に世界各地の習俗にみられる『叩く』『振る』という基層文化としての呪術行為が重なり、中国の『つち』の説話などの影響を受け、異界の鬼や竜宮の神、大黒様などの豊穣世界との信仰に結びついて、打出の小槌としての呪的機能を持つようになったと考えられる〉と説いています。

このように、打出の小槌を振って一寸法師が一人前の男になる場面一つを取り上げても、藁打ちの小槌を使った農作業、叩いたり打ったりする行為の呪術的な役割、仏教や中国の説話の影響、親からも疎んじられていた小男が幸せになるという物語に託された人々の立身出世への願望等々が背景に刻印されているのです。

さらにこの物語が時代を超えて語り継がれてくる間には、それぞれの時代の語り手による語り変え（修正や修飾）という形での新しい記憶や思いの付加があったに違いありません。

文化人類学・民俗学の小松和彦（一九四七〜）氏は、〈民話は民衆の思想もしくは歴史意識の一つの結晶といえるであろう。それは、十分に成熟したとはいえない表現形式ではあるが、風と土との生活から生まれてくる民衆の喜怒哀楽がさまざまな形で刻みこまれている《民俗的記憶装置》であり、かつまた未来のための教育装置なのである〉（『神々の精神史』講談社）と述べています。

まさしく語り継がれた物語には、人々の膨大な記憶や願望が集積しており、新たに耳にする聞き手にそれらを伝えることによって聞き手を教育するメディアだといえます。

語り継ぐことの意味

語り継がれた物語には、時代を超えた無数の記憶や願望が集積されています。物語を語り継ぐことは、それらの記憶や願望を次の世代に伝える行為にほかなりません。

小松氏は、民話研究の意味を〈民衆はその（民話の）なかに記憶すべき何かを、その素朴な想像力を羽ばたかせて刻みつける。こうした民衆の歴史意識の依代（よりしろ）は、民話のほかにも、伝統、歌謡、絵画、謎々、信仰、祭祀等々、数知れず開発されている。民間伝承と呼ばれるものは、総じて一種の再話つまり民衆の記憶装置である。それゆえ、民話を研究するという最終的な目的は、民話という依代に憑依し隠れ潜んでいる民衆の歴史の記憶を、そこから解放し活性化させることにある〉（前出書）と述べていますが、物語を語り継ぐことの意味も、物語の中に隠れ潜んでいる人々の歴史の記憶を、そこから解放し、活性化すなわち生命を吹き込んでよみがえらせることにあります。

ここでいう歴史とは、私たちが学校で学んだ年表中心のいわゆる歴史のことではなく、善悪全てを抱え込んだ名もない人々の生きざま、そしてそこから生じる争いや感情の葛藤等、これまでの歴史学があまり顧みなかった瑣末（さまつ）な、けれどもきわめて人間的な出来事の集積を指しています。

たとえば、一九二〇年代のアメリカ南部の黒人の間で語られていたお話をゾラ・ニール・ハーストン（一八九一〜一九六〇）が記録して出版した『騾馬（らば）とひと』（中村輝子訳 平凡社）の一節を語ってみましょう。

〈奴隷時代のことだよ。二人の黒んぼがしゃべってるとき、一人がもう一人にいった。「きのう旦那さんのことであんまり腹立ったんで、うんと毒づいてやったぞ。もうくそみそにいろんなこといってやった」

もう一人がいった。「旦那さんに悪口いったことがなかっただろうが。なんてことだ！ で、お前、どんなことされたね？」

「なあんにもだ、お前。で、おいら、もひとつおまけにぶつけてやった。おいらはこのとおりの男だ、もう背中なんか丸めていたくねえって。きっと旦那はもうおいらにうるさくいわねえよ」

「へえ、お前が毒づいて、で、なんにもされなかったんか。こんど旦那がおいらを怒らせたら文句いってやろ」

次の日、その黒んぼはなんかやらかしたんだな。旦那さんに後ろからふんづかまると、やつ、くるりとふり向いてな、旦那さんにひでえ悪態をついたもんだから、旦那さん、やつをぶちのめして死ぬほど鞭をくれた。その黒んぼは、もう一人のやつに会ったとき、こういった。

「お前、旦那さんに毒づいても旦那さん口も開けなかったといったな」

「ああ、いったがな」

「そいじゃあ、なぜお前には何もしなかったんかね。おいらがやったら、殺されそうになったぞ」

「お前、ひょっとして面と向かって毒づかなかったか?」

「ああ、そうしたさ。お前もそうしたっていわなかったか?」

「いいや、おいらは面と向かってやっちゃいねえ。お前はほんとに馬鹿だよ。もうちょっと分別があると思ったが、おいらが旦那さんに毒づいたときはな、旦那さんがポーチにすわってて、おいらは遠い門のとこにいたんだ」〉

長いお話の前後を割愛しましたが、この二人の奴隷の対話がもたらす笑いやペーソスが私たちの心をとらえる理由は何なのでしょう。

私たちは、お話によって、旦那さん対奴隷、白人対黒人、ホラ話をする奴隷対ホラ話を真に受けて失敗する奴隷といった人間関係が引き起こす出来事をイメージの中に再現し、追体験しながら、笑ったり憤慨したり嘲ったりして、奴隷時代の黒人の生を今生き直しているのです。その中で私たちの心が感じるものは、時代や人種を超えた人間的な共感といえるのではないでしょうか。

さらには、旦那さんを会社の上司や身近にいる誰彼に置き換えて、「悪口や文句は、本人に聞こえないところで思う存分に言うべし」といった人生の教訓を読み取る人もあるかもしれません。

物語は語られた瞬間、聞き手の中で生命力を生き生きとよみがえらせます。語るという行為は、物語に集積された記憶や願望の力で、語り手と聞き手の中に眠っている記憶や願望を揺り起こします。ですから、語り手は人々のメモリー装置にスイッチを入れる役割を担っているといえます。内なる記憶や願望をよみがえらせるということは、生き生きと生きるということです。かつて言葉には魂が宿っていると信じられていました。その言霊(ことだま)をよみがえらせる営みこそ、語り継ぐことのもつ意味にほかならないのです。

無意識の働き

語り継がれた物語が、人々の歴史的な記憶装置であることを、スイスの心理学者カール・グスタフ・ユングの研究家で精神分析家の河合隼雄（一九二八〜二〇〇七）氏は、人間の普遍的無意識という概念で説き明かします。洋の東西を問わず、昔話や神話の中には、大人顔負けの活躍をする子どもが多数登場しますが、それには何か理由があるのでしょうか。

〈スイスの分析心理学者ユングは、世界中の昔話や神話に共通して、このような（素晴らしい子という）典型的なイメージが存在することを重視した。そして、それは、彼が心理療法に専念している間に患者から得られる夢や妄想などの内容にも共通してみられることに気づいたのである。そこで彼は人間の無意識を個人的無意識と普遍的無意識にわけて考えることを提唱した。つまり、人間の無意識の深層は人類に共通の普遍性をもつと仮定したのである。全人類に共通に、このような超能力をそなえた子どもという表象を産出する可能性が無意識内に存在すると考え、そこにひとつの元型（archetype）の存在を仮定したのである。〉（『昔話の深層』河合隼雄　福音館書店）

世界各地に似たような物語が語り継がれていることにはさまざまな立場からの説明がなされていますが、どこかの誰かが考え出した（ある個人の無意識を形にした）ものが各地に伝えられたという説明だけでは解決がつかないケースが多々あります。ユングは、そのようなケースを個人の無意識の中に保存されている人類の普遍的無意識が生み出したもので、それらに共通なもの、たとえば物語の筋立てや登場人物のキャラクターなどを元型（アーキタイプ）と名づけたのです。

ユングの弟子のマリー・ルイーゼ・フォン・フランツ（一九一五〜一九九八）は、昔話を、普遍的無意識が生み出した最も純粋で簡明な表現であり、元型を最もシンプルに示したものと述べています。

世界各地の昔話が似たような構造を持っているのは、普遍的無意識の為せるところで、私たちが昔話に惹かれるのは、時代を超えて受け継がれている普遍的無意識が元型に共鳴するせいなのです。

ドイツ文学と口承文芸の研究家である野村泫（一九二五〜）氏は、その著『グリムの昔話と文学』（筑摩書房）の中で〈昔話の主人公が出会う出来事が加入儀礼の経過をなぞったものであることは、確かに否定できない。怪物との戦い、克服しがたい障害、謎解き、果たしがたい課題は、加入儀礼の試練にほかならず、冥府（めいふ）への下降と天国への上昇、死と復活、王女との結婚もまた加入儀礼の筋書きに沿ったものである〉とし、ルーマニア出身の神話学者ミルチャ・エリアーデ（一九〇七〜八六）の〈…昔話を聞いたり読んだりすることにより、想像の世界で、あるいは夢の世界で、これらを経験しようとするのだ〉という言葉を引いて子どもたちが昔話を好む理由を説明しています。子どもたちが実生活の中ではすでに失われてしまった加入儀礼を昔話で経験しようとするのも無意識の働きによるものではないでしょうか。

物語の触媒作用

では、物語の中に封じ込められている膨大な記憶や願望は、ただそこにじっと堆積しているだけなのでしょうか。

閉めきった部屋に積もった埃が、闖入者（ちんにゅうしゃ）のちょっとした動作で舞い上がるように、語り手によって語られた瞬間、それらは語り手と聞き手の心の中で生き生きと蘇り、まるでパン生地の中に飛び込んだ酵母のように発酵し始めます。たとえば、身内が恋人のロミオによって殺されたという知らせを聞いてジュリエットの心に芽生えた愛憎の葛藤のように。

〈**ジュリエット**　まあ、じゃ、ティボルトはロミオ様のお手にかかって？
乳母　そうでございますとも。情けないことに、そうなんでございますよ。

ジュリエット おお、花の顔にかくれた毒蛇の心！ それにしても、あの恐ろしい竜が、こんなにも美しい洞窟に住んだ例があるのかしら？ 麗しの暴君！ 天使のような悪魔！ 鳩の羽根をつけた烏！ 狼のように残忍な子羊！ 姿は神に似ながら、心は見下げ果てた根性！〉

ジュリエットの悪罵(あくば)はまだまだ続きますが、乳母の次の一言をきっかけに一変します。

〈**乳母** …中略…ほんとうにまあ忌々しい、恥っかきのあのロメオの奴めが！

ジュリエット よくもまあ、そんなことを言って、乳母の舌こそ腐ってしまうがいい！ ロミオ様に限って、恥などおかきになる方じゃないわ。あの方の額といえば、恥の方で恥かしくなって逃げ出すくらい、それどころか、世界中をただ一人支配なさる王様のような、そんな栄誉の座るにふさわしい王座なのよ。ああ、それにしても、あの方を悪様(あしざま)に言うなんて、私こそなんという人でなしなんだろう！〉（シェイクスピア作・中野好夫訳 新潮社）

身内を殺した男を褒めるのか、と非難する乳母に向かって、「よし三時間にもせよ、妻だったこの私が、散々お名前を傷だらけにしてしまって、誰が元通りにしてくれようっていうの？」と彼女は反論します。

ジュリエットにこう言わせたのは、妻だった三時間に象徴されるロミオとの愛の記憶であるとともに、ロミオとの愛を実らせたいという願望だったにほかなりません。

このように、物語の中の記憶や願望は、私たちの心に触媒のように働きかけ、反応を引き起こします。この反応こそ、語りが私たちに与えてくれる至福の歓びであり、生きる力を漲(みなぎ)らせてくれる源泉なのです。

神話学者ミルチャ・エリアーデは、共産主義時代のソビエトのシベリア強制収容所での政治犯の生活を記録したJ・ビーメルの『第七の点』を引用して、ビーメルと同じ宿舎にいた百人の囚人たちは、一人の年老いた女性の語るおとぎ話を毎晩聞くことによって、他の宿舎の囚人たちがばたばたと死んでいったなかで、全員生き延びることが出来たといいます。彼らは、この女性が語る力を持ち続けられるように、乏しい食料の中から自分たちの食べる分を削って彼女に食べさせていたとのエピソードを引きながら、〈人間の存在の固有の様式は、その人間をとりまく世界とその人間の内的世界において、何が起こっているのか、特に、何が起こることが可能なのかを知ることの必要性を含む。それが人間のあり方の構造を構成していることは、非常にきびしい状況下においても、物語やおとぎ話を聞くことが『実存的に必要である』ということによって、何よりも明白に示されている〉と「文学的想像力と宗教的構造」（鳥井由紀子訳　『ユリイカ』一九八六年九月号　青土社）という論考の中で述べています。

このエリアーデの論旨を別の角度から取り上げてみます。

生きる力を支えるもの

アウシュヴィッツを生き延びた哲学者のV・E・フランクル（一九〇五～九七）は、その著『死と愛――実存分析入門』（霜山徳爾訳　みすず書房）に自らの経験に基づいてこう記しています。

〈普通、人間の現在のすべては未来によって形成され、ちょうど鉄片が磁石の方を向くように、未来に向けられているものなのである。反対にもし人間が「その未来」を失うならば、常に内的時間、体験時間はその全構造を失うのである。…中略…

ラテン語の言葉"finis"は終末を意味すると同時にまた目的を意味する。人間がその仮りの生存の終末を見ることができないときには、また彼は何の目的も立てられず、何の使命も感じられなくなるのである。即ち生命は彼の目には内容と意味を失ったものとならざるを得ないのである。反対に「終末」を意識し、未来における目的点を認めることは精神的な拠り所を与えるのである。〉

ここでフランクルのいう〈人間の現在のすべては、未来によって形成され〉と〈もし人間が「その未来」を失うならば、常に内的時間、体験時間はその全構造を失う〉は、もし人間が心に未来への希望を描くことを禁じられたり、見失うようなことがあれば、その人間は生きていく力を失ってしまう、ということを意味し、エリアーデのいう〈人間の存在の固有の様式は、その人間をとりまく世界とその人間の内的世界において、何が起こっているのか、特に、何が起こることが可能なのかを知ることの必要性を含む〉と対応しています。

フランクルによれば、アウシュヴィッツから生還できた人の多くは、極限状態に追い込まれた肉体を支える精神力を持ち得た人たちであり、その人たちの精神を支えたのは、収容所の外の家族への愛であり、やり残した仕事への思いであり、なんとしてでも生き残って思いを遂げたいという想像力であったといいます。ソビエトの強制収容所の囚人たちが、老女のおとぎ話を聞いて生き延びる力を得たように、アウシュヴィッツでも自らの内面に想像空間＝物語を持ち得るか否かが生死を分けるボーダーラインだったことがわかります。

ここ数年来、凶悪犯罪や自殺の低年齢化が社会問題となっています。まだ前途ある中学生や高校生が、いまの言葉でいう「すぐキレて」自分の未来や生命を惜しげもなく無にしてしまうのは、フランクルのいう〈その未来〉を失い、〈何の目的も立てられず、何の使命も感じられなく〉なって、自分の生命の〈内容と意味を失った〉せいであり、想像力を育む物語世界を自らの内面に築き得なかったからに違いありません。

私たちの身体は、遺伝子によって祖先の形質を受け継いでおり、私たちが今日ここにあることの全ては、過去の情報に負っています。同じように、私たちの精神も、蓄積された文化や文明の中に息づく記憶や願望に働きかけて、触媒作用を引き起こす文化的遺伝子＝ミームを取捨選択することによって、過去を自分にとって意味のある現在の世界へと組み直して生きており、無数の断片的な文化的遺伝子をつなぎ合わせる設計図を書いているのが物語であるといえます。

二十世紀に人類が経験した二つの極限状態から、私たちは物語の持つ底知れない力について学びました。次に、物語と語ることの持つ別の側面について考えてみましょう。

5　物語と語ることの現実原則

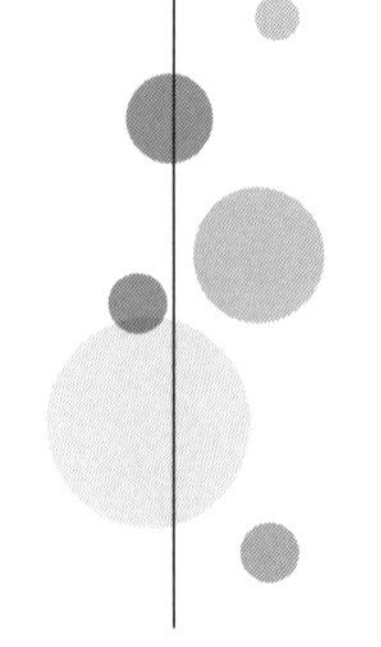

現実からの働きかけ

　グリム童話集が、発表当時の読者の反応を考慮して、再版のつど、残酷とされた部分を削除したり、表現を変えたりしたことは、つとに有名ですが、今日、私たちが語っている伝承昔話のテキストの多くも、原話の誕生以来、語り継がれる過程でさまざまな理由で多かれ少なかれ変容を受けてきています。

　グリム童話集に収められている、粉屋の娘に代わって糸を紡ぐ魔法の小人の物語「ルンペルシュティルツヒェン」を例に取り上げてみます。『グリム兄弟—魔法の森から現代の世界へ』(筑摩書房)等の著書で知られるアメリカの比較文学者ジャック・ザイプス(一九三七〜)は、『おとぎ話が神話になるとき』(吉田純子・阿部美春訳　紀伊国屋書店)の中でおおよそ次のように述べています。

　この物語をグリム兄弟は、当時、ヨーロッパで広く語り継がれていた民話と、フランスのマドモワゼル・レリティエの書いた糸紡ぎ話『リクダン・リクドン』を素材にして再話したとされています。もともとの話は、女性の紡ぎ手の加入儀礼をテーマにしたもので、主人公の娘が糸の紡ぎ方を習得して生産手段を身につけ、世に出て成功するまでを語ったものでした。これに、悪魔や上流階級の人間を出し抜くモチーフや、名前当てやなぞなぞ等の要素が加わって、出世したり、王や王子と結婚したりという、さまざまなバリアント(変形)を持つ願望実現の物語ができあがりました。

　糸紡ぎは、放牧社会が始まって以来、十九世紀にいたるまで、女の特権、女の領域として認められてきました。それというのも、男にとってそうすることによって女を馴化（家庭に従属）させ、糸紡ぎによって生み出される余剰生産物（一家の生存に必要とする生産物を差し引いて残ったもの）を売ることによって、ゆとりを手に入れることができ、さらには女の生みの力を家の中に閉じ込めておくことができたからです。ところが、一七六四年のジェイムズ・ハーグリーブスによる紡織機の発明以来、女の手から糸紡ぎの仕事が奪われ、機械、そして男へと渡っていきました。女の生みの力に大きな転換がもたらされたのです。

こうした時代の変化を、グリム兄弟はどのように受け止め、再話に反映させたのでしょうか。

〈「ルンペルシュティルツヒェン」（グリム童話集最終版・第七版　一八五七年）の粉屋の娘は、まったく男の思いどおりになっている。実際、娘の人生すべてが男の手で作られている。つまり自慢屋の父親、ひどい仕打ちをする王、ゆすり屋のルンペルシュティルツヒェン、救助役の召使いらの手によって。娘にできるのは、赤ん坊を産むことくらいだ。糸紡ぎさえまともにあつかわれておらず、糸紡ぎに価値があるのは、藁を紡いで黄金にできるからにすぎない。この糸紡ぎには、若い娘が加入儀礼で他の紡ぎ手の立ち会いのもとにくぐる試練という意味がない。なぜならグリム兄弟は、女にとっての糸紡ぎの価値を、ほんとうには理解していなかったからだ。グリム兄弟から見て、よい女とは身のほどをわきまえた女だったので、話で描かれる女は、男に出しゃばりをたしなめられ、男に居場所を与えられるのである。それは女を馴化・家庭化する話であり、話のなかで、糸紡ぎの技能が重要でなくなるという事態が生じている。〉（「ルンペルシュティルツヒェンと女の生みの力の衰退」）

ザイプスによれば、グリム兄弟の再話には、意図的というより結果的に、「女の生みの力から重要な側面が消えたこと、また文明化の過程で女の身の上に大きな変化が起きたため、男に大きく依存することになったことが記されている」ということになります。けれども、この話は、昔話の話型の国際的な分類基準を完成させたアールネとトムソンの民話の話型五〇〇では、助力者に分類されていることもあってか、小人（ルンペルシュティルツヒェン）に焦点を当てて語られる場合がほとんどで、歴史的な視点やフェミニズム的な解釈で語られることはなかったといえるのではないでしょうか。

ザイプスの論考は、語り手がテキストとどう向き合い、どう語るべきかについて、鋭い問いかけを私たちに突きつけています。多くの場合、私たちは目の前にあるテキストを無批判的に受け入れ、覚え、語ります。耳から聞いた場合も、ほぼ同様な受け入れ方をし、語り継ごうとします。

はたして、語り手の姿勢として正しいといえるのでしょうか。

まず、「ルンペルシュティルツヒェン」で見たように、テキストとして成立した時点で、その時代の価値観を色濃く反映している場合があるということ、また、口承の過程で、語り手によってその時代に相応しく修正が加えられる場合があるということです。

次に、神話化作用が働くということにも思いを致さなくてはなりません。

ザイプスによれば、神話化とは、次のようなことを意味します。

〈私たちはなじみ深いものに安心し、新しく、ほんとうに革新的なものに尻ごみをする。つまりおとぎ話の古典のおかげで、私たちみんなは、共通の価値基準を分かちあう普遍的共同体に帰属しているだとか、同じ幸福にむかって奮闘しているだとか思いこむ。さらにこの世のなかには誰もが認める特定の夢や願望があるだとか、ある種の行動パターンが間違いのない結果を保証するとか思いこむのだ。それは言ってみれば、すばらしい城で、つまり外の世界の敵意のある矛盾だらけの力から永遠に私たちを守ってくれる私たちの城や砦で、巨万の富をかかえていつまでも幸福に暮らすという幻想である。〉

そして、私たちが安心して語る神話化された古典的なおとぎ話について、

〈現代の産業化社会のあらゆるメディア（印刷業、ラジオ、カメラ、映画、レコード、ビデオ）は、突きつめればブルジョワの名においておとぎ話の古典化にかかわり、おとぎ話に足跡を残してき

た。もっとも、ブルジョワたちは、その首謀者であることも、それへの関与も否定してはいるのだが。それというのも、おとぎ話が無害で、自然で、恒久的で、かつ歴史とは無関係で治療的にみえる必要があるからだ。私たちはおとぎ話という自由で新鮮な空気を吸って生きているはずで、ある社会階層がそれを汚したり汚染したりしているのではないと、信じこまされている。この正体は明かしたがらない社会階層は、すべての空気が新鮮で自由であり、すべてのおとぎ話が希薄な空気から生まれ出ると、今後も私たちに信じつづけてほしいのだ。〉（前出書）

と、述べています。古典的なおとぎ話にも時代や伝承者によってバイアス（偏ったものの見方による影響）がもたらされているとしたら、私たちは何をどう語ればよいのでしょうか。

昔話の脱神話化

グリム童話集が発表された十九世紀の初頭の時代背景とグリム兄弟が再話に託した意図について、ドイツ文学研究者・翻訳者で語り手たちの会会員である池田香代子（一九四八〜）氏は、〈…ナポレオン戦争、占領、解放という激動の時代に、大学を出たてのかれらが、不安定な公職（下っ端役人）を転々としてなんとか方便を得ながら、二十代後半という若さではじめて世に問うた仕事が『メルヒェン集』だった。このささやかなアンソロジー（選集）のなかに、かれらが性急に先取りしようとしたのは、もはや王国ではない、未聞の、まったく新しい共同体、ドイツという国民国家だったのだ。言ってみれば、かれらの『メルヒェン集』のなかで、王国が国民国家へ、前近代が近代へと、決定的に転換しているのである。〉（「三題噺 グリム・近代・国民国家」『ユリイカ』一九九九年四月号 青土社）と指摘しています。

初版から決定版にいたる何度もの改訂は、単に残酷な表現や不穏当な部分を書き改めたという表層的な変更ではなく、前近代的な価値観を近代的な国民国家の価値観に改竄（かいざん）するというイデオロギッシュな作業だったのです。これまでグリム童話集をテキストにして語ってきた語り手たちのなかで、こうした事実を知って語ってきた人がどのくらいいるでしょうか。ほとんどの語り手が、オーソライズ（正統化）された（誰が権威づけたかも問題ですが）楽しくて子どもの為になる話として疑うこともなく語ってきたのが現実だと思うのです。

いま、巷間でブームになっている「ほんとうは……」本の類は、それらの解釈の妥当性や内容の剽窃（ひょうせつ）問題等、検討すべき点が多々ありますが、グリムのテキストをアンタッチャブルとする神話化に歯止めをかける結果になるとすれば、それなりの意味があったといえるかもしれません。

日本の昔話についても、二十世紀に入って、その一部が軍国主義的国家思想により改変され、国民教化の手段に利用されたことは記憶に新しいところです。

さて、私たちが手にする昔話のテキストが侵すべからざる神聖なものであり、一字一句間違えず語らなくてはならないという神話が崩れ去った今、私たちはどのように昔話を語り継げばよいのでしょうか。

口承の真の意義

ザイプスは、『おとぎ話が神話になるとき』の日本の読者に寄せた前文のなかで、〈この疎外された世界で、私たちはどのようにすればストーリーテラーの働きを再生できるのだろうか〉と次のように問うています。

〈かつて部族や共同体のストーリーテリングは、共通の価値観を確認できたのだが、今日のストーリーテリングは、商品化により損なわれた物語ならどれもが隠しもつ自由という基本ストーリーに絶えず疑問をつきつけて、懐疑的で破壊的にならざるを得ない状況にある。今日のストーリーテラーは、現代人が先人のように自由に物語を語れないことを心得ておくべきだ。〉

たしかに、語りがテキストに記録されたものを再現するのではなく、口承を中心にして行われていた時代にあっては、語り手は自分が聞いた話を基に自分で自由に語り変えることができました。ところが、テキストに依存せざるを得なくなった今日では、テキストが一つの規範となり、そこから逸脱することを許さないという無言の圧力が語り手にかかっています。しかも、そのテキストは、ザイプスによれば資本主義の市場制度に毒されており、私たちはそのことに気づいていません。ザイプスのいう〈自由という基本ストーリー〉とは、私たちが自由な社会で自由にものを言っていると思い込んでいる状態を指しています。けれども、実は、テキストに縛られていて、個人の経験を自由に表明し合うことはできないのです。

ではテキストによる縛りとは具体的にどのようなことを指すのでしょうか。

〈言語の基準、言葉の選択、表現、身ぶりなどは、私たちが生まれる以前に社会によって作られたものであり、実は、政治家や宗教の指導者たちのてによって、巧みにひとつの記号体系に組み込まれているのだ。〉

テキストを成り立たせている全てが、私たちを縛りつけていると、ザイプスはいいます。

〈しかし、自由の神話をちらつかせるクモの巣状の規制網に、裂け目がないわけではない。亀裂と溝はある。だから自由の神話が真実だという仮定を疑い、ひっくり返し、その矛盾点を説き明かせば、私たちは想像力をほんとうに表現する場を得られるのだ。ほんとうのストーリーテリングの出番はここにある。〉

ほんとうのストーリーテリングを実現するには、まず、自由の神話を疑い、次に、テキストの矛盾を読み解き、深い洞察力と歴史や社会や人間心理についての知識を駆使して、言語と物語の結びつきである口承文芸の本来あるべき姿と力を回復させること、それこそがほんとうのストーリーテリングのあり方なのです。

ストーリーテラーの役割

テキストの中にある昔話の脱神話化を行い、口承の真の意義を追求することは、語り手にとって必ずしも容易なことではないかもしれません。けれども、このプロセスを経ないかぎり、自分のものといえるストーリーテリングに到達することはできないのではないでしょうか。

ザイプスは、ストーリーテラーの役割についてこう述べています。

〈…私たちが経験のほんとうの交流を通じて、言語の商品化にあらがうならば、私たちには自分や他人を解放する力がある。ストーリーテラーの役割は、他者のうちなるストーリーテラーを目覚めさせ行動に移させ、他者の言うことに耳を傾け、自由という神話を転覆するような新しい物語を創造することである。〉

また、新しい物語を創造するストーリーテラーのイメージを、ドイツの思想家ヴァルター・ベンヤミン(一八九二〜一九四〇)のエッセイ「ストーリーテラー」(『著作集7『文学の危機』高木久雄訳　晶文社)は次のように描きます。

〈語り手がほんとうに共同体の幸福を願うのならば、経験の交流をする才能や実行力がストーリーテリングの中心にすえられているはずだ。……交流とは、そこに対話、ギブアンドテイク、分かち合いがあるに違いないという意味である。物語は心の贈り物のように分かち合うものだ。口承伝統のなかには、ただひとりのストーリーテラーがいるのではない。聞き手もまたストーリーテラーであって、助言の受け手となり与え手となるのだ。そしてまさに経験の根っこにあるのが、この助言と知恵である。ストーリーテラーは、自分の技を誇示し単に娯楽や気晴らしを与えるために、語りだけを目的として語るわけではない。ストーリーテラーは娯楽で語るときでさえ、決して気慰みを与えるのではなく、経験を楽しい知識に変え、滑稽な逸話を語り、そこに知恵をたくさん吹きこみ、私たちを賢明で知的な笑いで満たすのである。ストーリーテラーは改革者、啓発者そして解放者である。ストーリーテラーは、自分の経験と他者の経験をとりあげ、その経験について考えをめぐらせ、かみ砕き、自分が属する社会の労働と娯楽の状況に結びつけ血肉としてから語る、つまりはじめて言葉を口にするのだ。ストーリーテラーが商品市場を無効にできるのは、経験を交換する見返りに助言と知恵を手に入れるからである。〉

ここには、ザイプスがイメージする新しい物語の創造とその担い手であるストーリーテラーのあり方が描かれています。この文章を手がかりにして、テキストから再話＝新しい物語の創造について考えてみましょう。

新しい物語の創造

グリム童話集に数年先立って出版された『少年の魔法の角笛』は、ドイツ国民に自国の文学的遺産を紹介するために、後期ロマン派の小説家アヒム・フォン・アルニム（一七八一〜一八三一）と詩人クレーメンス・ブレンターノ（一七七八〜一八四二）の二人によって編纂された中世以降の民謡集ですが、グリム兄弟が各地に伝わる民間伝承を書きとめて出版しようと決意したことに、大きな影響を与えたといわれています。

興味深いことに、アルニムとヤーコプ・グリムとの間には、伝承詩を記録する方法について意見の対立があり、手紙のやりとりのなかで論争が行われています。そのやりとりを、オランダの言語・文芸学者アンドレ・ヨレス（一八七四〜一九四六）の『メールヒェンの起源』（高橋由美子訳　講談社）「第八章　メールヒェン」のなかの「自然詩と芸術詩」からまとめてみましょう。

ヤーコプは、詩には全体の心情から生まれた特定の作者のいない民衆詩と、個人の作者の心情から生まれた芸術詩とがあり、民衆詩にはほんの少しの修正も加えてはならないと主張しました。

アルニムは、民衆詩と芸術詩との対立を否定し、詩人の課題は、民衆に根ざす詩を書くことであり、自分の創作を限りなく民衆に近づけることであるとし、民衆の一人として伝承詩に手を加えました。

二人の対立は、ブレンターノがメールヒェンを改作したことにも及び、ヤーコプは、〈…彼（ブレンターノ）が色を付けた作品は、僕たちが忠実に収集した単純な物語の前に、いつでも確実に、その面目を失うことになろう〉（『メールヒェンの起源』）と評しました。

これに対して、アルニムは、〈…ほとんどすべての母親たちは、子供たちが魅力的だと思うものを見つけた時、それを必要に応じて少し長い物語にして、子供たちをしばしば楽しませる術を心得ているものだが、ブレンターノの本は、そうした自由な創作の方法を大人たちに提起しているのである〉として、〈もしメールヒェンが固定化したら、ついにはメールヒェンの世界全体が死ぬだろう〉と反論しました。

ヨレスは、『少年の魔法の角笛』について、〈そこには新しいものがあり、その新しいものが本質なのである。新しいものが、あらゆる手段によって、―また伝統によって、古いものによって、民衆的なものによって―さらに活性化され、より完全なものにされなければならない。古いものは、それ自体のためではなく、まさにこの目的のために収集されるのである〉と、アルニムに賛意を表しています。

この論争が、グリム兄弟に大きな影響をもたらしたことは、その後、版を重ねる度に物語に手を加え、国民国家という新しい価値観の創出に寄与したことでも明らかです。

ザイプスは、グリム兄弟が原話から創造した新しい物語について、次のように述べています。

〈グリム兄弟はたんに話を収集しただけではなかった。事実、一八一二年と一八一五年に出版した百五十六話からなる二巻本において二人がなし遂げたことは、何よりも、文学的おとぎ話の理想像を創作したことである。すなわち、口承伝統にできるだけ接近しつつ、台頭しつつあったブルジョ

ワの読者に受けるように、文体にも形式にも実質的テーマにも変化を加えたのである。〉（『グリム兄弟』鈴木晶訳・筑摩書房）

二人の意図はどこにあったのでしょうか。

〈（第二版までに兄弟が確立した）その形式と文体によって、ドイツ文化とヨーロッパ文明の起源をめぐる深遠な真実と思われるものを集め、保存し、ドイツの民衆に提供したい—それが兄弟の願いだった。まさしく二人の考えでは、ドイツ人が培ってきた慣習の中には「人類の幼年期」が埋め込まれており、童話とは、そうした豊かで自然な文化を想起させるべきものなのだ。〉（前掲書）

グリム兄弟が行った新しい物語創造も、古くから伝わる民衆の知恵と新しい時代に育まれた知恵の融合でした。こうして、新しい物語が誕生したのです。

ザイプスは、グリムが再話した「眠りの森の美女」をストーリーテラーがどう語るかについて〈昏睡状態から目覚めなくてはならないのは眠れる森の美女ではなく、むしろ、おとぎ話の読者であり創作者であるわれわれである。われわれの想像力が本当の意味で刺激され、われわれの目が現在のおとぎ話絵本の情景とは質の違った未知の情景を見たいと思うなら〉と述べ、改革者、啓発者そして解放者であるストーリーテラーの役割が、テキストの矛盾を読み解き、言語と物語の結びつきである口承文芸の本来あるべき姿を追求することにあるとしています。

6 出来事と語ることの関係

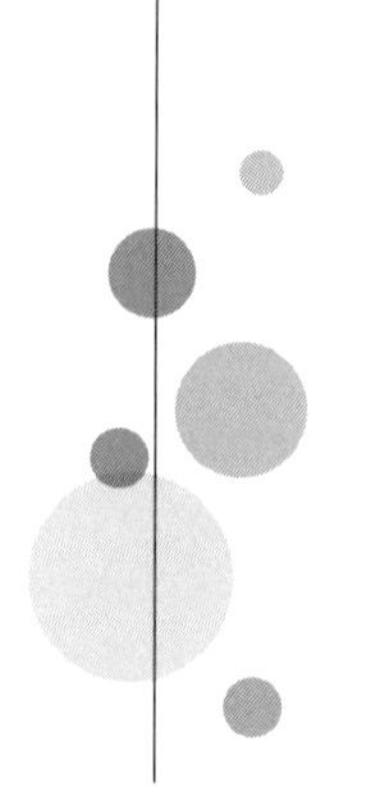

語りはゆらぐもの

口承文芸の本来あるべき姿とはどのようなものなのでしょうか。それは、テキストを介さずに、言葉によって物語が口から耳へと伝えられることを指しています。

口承文芸研究の高木史人（一九五七〜）氏は、岩波講座『日本文学史』17巻所載の「昔話の〈場〉と〈時〉」と題した論考の中で、

〈はなしとの相対性のかぎりにおいて、かたりはより形式的であり、より物語特有の叙述様式、物語言語をもって語られるのではあるが、かといってかたりはまったくに固定的で不変的で非歴史的な存在ではない。人の口をかりて語られ、人は次の人へと語りつぎ、一回ごとに声として発せられたかたりは、また声として消えていく。そうしたかたりの「口承」という性質のゆえに、かたりはゆらぐ〉

と、口承文芸としての語りの特質をあげ、次のような重要な問題を提起しています。

すなわち、これまでの昔話の語り手論は、〈村の語り手としての頂点に立つかれらの姿を絶対的に捉え、昔話の不変性のイメージをそこに重ねてきた〉が、昔話を捉えるには、教訓的なメッセージを伝えるといった意志的、社会的機能ばかりでなく、無意識の働きとか、楽しいから語るといった美的機能をも考えるべきではないか。それには、〈村の「聴き手」たちの耳から捉え返すことをも考える必要がある〉

というのです。

〈まず、聞き手の子どもが「ムカシ語ってきかせえー」と語り手を促す習い（鹿児島、大里）。聞き手は、「ふーん、ふーん」と納得して聞き、「それから、それから」と催促してあいづちを打つ（長野、大町市）。

聞き手を無視する語り上手には、「いやいや、ほだな話見たことも聞いたこともない」と何度もくりかえして、語れないようにする（山形、上山市）。〉

こうした聞き手からの働きかけによって、高木は、〈昔話の語り手と聴き手とが対峙して、共同しあい、また競合しあういわば「共＝競演」の場の関係性において、昔話はその都度その場に相応しい姿を顕し生成するという昔話のかたりの理解が可能になってくるのである〉とします。語り手が主要な位置を占める昔話の伝承形態（時間と共に変って行く伝承の型）から、聴き手が参加して批判的に継承していく伝承動態への転換こそが望ましいとするこの指摘は、語りがゆらぎながら伝承されていくことこそが伝承文芸としての正しいあり方とする考えに立脚しており、ザイプスの昔話の脱神話化の考えと軌を一つにしています。村の昔話の語り手の絶対視とテキストの神話化は、ともに物語の生成の場としての〈語り手と聞き手の心の交流〉を否定し、物語の固定化＝口承文芸の死につながっているのです。

物語の中の出来事の虚実

たとえば、演劇の舞台を観ていて、時にベテラン俳優の名演技よりも、アマチュアの拙い演技の方により大きな感動を覚える場合があります。

ストーリーテリングにあっても、そのストーリーテラーが語り込んだ手練の話よりも、ふと口にしたように語られる身の上話に心が揺さぶられることがあります。

こんなことが、どうして起きるのでしょうか。

この問題は、物語と出来事、物語と語り手の関係、語りのリアリティ、語られる内容と聞き手の関係といった、まさに口承文芸の成立に関わる問題をすべて含み持っています。

まず、物語と出来事について考えてみましょう。

昔話で語られる出来事、たとえば、「猿婿入り」で語られる一連の出来事は、話が成立した当初は、語り手聞き手双方の体験ないしは記憶に基づき、猿が誰であり、なぜ殺されなければならなかったのか、末娘はどうなったのか、といった事柄が、生々しい臨場感にあふれる事実として受け止められていたと考えられますが、時代の経過にともなう記憶の風化によって、事実としての重みが消え失せ、いつしか、隠喩（メタファー）や教訓や娯楽といった話の興趣のレベルで、語り手も聞き手も受け止めるようになって今日に至っています。

猿が異類婚の相手という神話的存在なのか、害獣としての猿なのか、焼き畑農業を駆逐した稲作農業の種族の象徴なのか、さまざまな解釈が試みられていますが、各地に残る「あったこととして聞け」という、冒頭の語りかけは、昔話の中の出来事がかつては事実だった、ということの名残りをとどめる表現といえるのではないでしょうか。

では、語られる出来事が、まだ語り手聞き手の記憶に残っている場合について考えを進めましょう。

出来事の記憶と物語

現代アラブ文学研究の岡真理（一九六〇～）氏は『記憶／物語』（シリーズ「思考のフロンティア」岩波書店）の前書きで「ホロコースト」「パレスチナ問題」といった二十世紀に起きたシリアスな出来事に触れつつ、次のように述べています。

〈《出来事》の記憶を分有するとはいかにしたら可能だろうか。《出来事》の記憶が他者と分有されるためには、《出来事》は、まず語られねばならない。伝えられねばならない。《出来事》の記憶が他者と共有されねばならない。だが、《出来事》の記憶が、他者と、真に分有されうるような形で《出来事》の記憶を物語る、とはどういうことだろうか。そのような物語は果たして可能なのか。存在しうるのか。存在するとすれば、それはリアリズムの精度の問題なのだろうか。だが、リアルである、とはどういうことなのだろうか。無数の問いが生起する。〉

この岡氏の問いは、語り手と聞き手が「世間話」や「身の上話」に接するときに直面する問題であるとともに、前節の冒頭で述べた私の疑問とも関連しています。

では、岡氏の「記憶と表象と物語の限界」と「表象の不可能性を超えて」の二部構成になる所論を、私たちが直面している語りの問題に引き寄せつつ、考えを進めてみることにしましょう。

たとえば、私たちが身の上に起こった出来事を他者に伝えようとして、言葉にしたとき、その表現と出来事との間にどこか微妙な違和感やずれを感じて、もどかしく思ったことがありませんか。

〈それが、どのような出来事なのか、自分自身にもよく分からない体験を、既成の言語、できあいの言葉で切りとっていくとき、私たちはなにか居心地の悪い思いをしないだろうか。出来事が私たちの手持ちの言葉の輪郭にあわせて切りとられるとき、私たちは、言葉で語られた出来事が、出来事そのものよりもどこか矮小化されてしまったような、どこかずれているような、そんなふうには感じはしないだろうか。〉

岡氏は、その感じの由来を、〈語られなかった出来事の余剰部分〉からくるものとし、時の経過とともにその〈余剰部分〉が語った当人の記憶からも抜け落ちていって、やがては、言葉で語られたことが出来事の全てであったと受け取られるようになるのではないか、と述べています。

つまり、臨場感が失われるとともに記憶の単純化が進むというわけです。

しかし、すべての出来事が過去のものとして飼い慣らされるとは限りません。思い起こすたびに身が切られるような辛い記憶となってよみがえり、心身を痛めつける出来事もあります。戦争、災害、大事故、犯罪など、通常の人間が体験する範囲を超えた生命にかかわるような強烈な出来事にさらされた場合、悪夢やフラッシュバック（記憶のよみがえり）による恐怖の再体験、記憶の喪失、睡眠障害といったPTSD（ポスト・トラウマティック・ストレス・ディスオーダー＝心的外傷後ストレス障害）疾患にかかる場合があることは、広く知られた事実です。

このように、ある人に現在形で、暴力的に立ち顕れる出来事を、語りを介して他者である私たちがはたして分有する＝分かち合うことができるのでしょうか。

身近な例として、子どもが怪我をした場合、子どもが訴える痛みを、親である私たちが同じように痛みとして感じることができるかを考えてみましょう。

子どもの肉体的な痛みを共有することは不可能にしても、子どもが現に体験している痛みを心の痛みとして感じる親は多いのではないでしょうか。

同じように、アウシュヴィッツで生命の危険にさらされたユダヤ人の恐怖そのものを、他者である私たちが分有することはできないにしても、そのときの恐怖を似たような経験に引き寄せて想像することはできます。

このことを岡氏は、こう述べています。

〈暴力のただなかにあって、私たちは果たして、声にならない呻きを洩らすこと以外に何ができるだろう。現に生起している暴力は、その出来事のただなかにいる者によっては語られ得ない。それは、只、生きられる。言葉として語りうるものはいつも、出来事のうちの語りうる部分、その意味について私たちがすでに言葉によって知っている部分だけではないか。〉

では、だからといって、語ることは無意味なのでしょうか。その出来事を体験した人の記憶の全てが分有されないからといって、私たちがアウシュヴィッツの恐怖についてイメージすることは無意味なのでしょうか。

〈《出来事》の記憶は、他者によって、すなわち、《出来事》の外部にある者たちによって分有されなければならない、何としても。集団的記憶、歴史的言説を構成するのは、《出来事》を体験することなく生き残った者たち、他者たちであるのだから。これらの者たちにその記憶が分有されなければ、《出来事》はなかったことにされてしまう。起こらなかったことにされてしまう。その《出来事》を生きた者たちの存在は、他者の記憶の彼方、「世界」の外部に抛擲（ほうてき）され、歴史から忘却される。〉

記憶されるべき出来事を、起こらなかったことにしないためにも、他者である私たちは出来事の記憶を分有しなければならず、記憶を分有するためには、語られることが必要、と岡氏は主張しています。

〈しかし、それでもなお―あるいは、そうであるからこそ―語り得ない《出来事》は、語られねばならない。《出来事》の記憶が他者と分有されるために。そして、そのためには、《出来事》の記憶は、他者によって語られねばならない。自らは語り得ない、その者たちに代わって。〉

いわゆる時代の証人としての「語り部」の存在理由は、まさにこの点にあるといえます。たとえ、思い出して語ることが現在の自分にとってどんなに辛く暴力的であっても、また、反対に瑣末（さまつ）な出来事であったとしても、その出来事が起こった事実を他者に語り継ぐことは必要なのです。その悲劇を繰り返す愚を犯さないために。

そして、同時代に生きる者は、自分が当事者ではなかったからといって、口を閉ざし、傍観することは許されないということでもあるのです。

7 語り手とは誰なのか

人は、ある日、内なる衝動に突き動かされるように語り始めます。突然のこともあるでしょうし、ごく自然にそうなっていたということもあるでしょう。

一人の語り手の誕生です。誕生の瞬間から、語り手と、人間の歴史と歴史を動かしてきた無数の人々の記憶の集積との対話が始まります。

対話は、時間と空間を超えて広がり、深まり、語り手の心身を揺るがさずにはいません。そして、その揺らぎのなかから、語り手の言葉を介して物語が立ち現れ、聞き手に届くことで甦（よみがえ）るのです。

対話は、過去となされるばかりではありません。目前の現実とも、やってくる未来ともなされます。時代の証言としての語りや予言としての語りは、そこから生まれます。語り手は、意識するしないにかかわらず、エンターテイナーであるとともに、文化の伝承者、生き方の教育者、魂を鎮める人、心を癒す人、クリエーター、現実の証言者、明日の予言者といったいくつもの顔を持つ存在でもあるのです。

では、いくつもの顔を持つ語り手の役割と、その仕事についてイタリアの作家アレッサンドロ・バリッコ（一九五八〜）の小説を例にして考えてみましょう。

秘密の獲得とその開示

〈五年後、ラヴィルデューには七つの製糸場ができ、ヨーロッパの養蚕と絹紡績の中心地のひとつとなっていた。バルダビューが一手に経営していたわけではない。町の名士や地主たちもバルダビューにならい、この興味深い、勇気のいる事業に乗り出した。だれに対しても、バルダビューは惜しみなく、商売の秘密を明かした。しこたま金もうけをするよりも、そのほうがはるかにたのしかった。人に教えを説く。そして、語るに値する秘密をもつ。彼はそんな男だった。〉

（『絹』　鈴木昭裕訳　白水社）

十九世紀の半ばに、世界で一番美しい絹糸を吐く蚕を求めて、極東の日本へと旅立ち巨万の富を得たこの男にとってさえ、金もうけよりも語ることがはるかに楽しかったということ。そして、語るに値する秘密を持つことが、いかにその人間の価値を高いものにするかを伝えています。

このように、語り手の仕事の第一は、語るに値する秘密を手に入れ、それを聞き手に開示することにあります。

では、語るに値する秘密とは、どのようなものなのでしょうか。秘密とは、その語義の通り〈かくして人に知らせないこと。また、その内容〉（岩波国語辞典）であり、聞き手は自分の知らないことを知っている（であろうと期待しつつ）語り手から、その内容を聞き出そうと、耳をそばだてるのです。たとえば、初めて「浦島太郎」を聞いたとき、どんなことが聞き手に起こるかを想像してみましょう。この話に初めて接する子どもの反応を思い浮かべてみます。

浦島が助けた亀の背に乗って海の中の竜宮城を訪ねること、竜宮城に魚たちにかしずかれた乙姫が住んでいること、竜宮城での三日間に浦島が体験したこと、浦島が村へ帰ってきたら三百年の時が過ぎていたこと、玉手箱を開くとたちまちのうちに浦島が老人になってしまったこと…語り手が語る物語の展開の全てが、不思議と謎と秘密に満ちていて、新しい世界を目の前に開示してくれる語り手の存在そのものが、奇跡を起こす人のように見えるに違いありません。聞き耳を立てる子どもたちの瞳の輝きが、そのことを雄弁に伝えています。

すでにいくつもの物語を聞いている私たちが、それだけで満足することなく、たえず新しい物語を追い求めているのも同じ動機からといえるでしょう。語り手にとって新しい物語の発掘は、新しい秘密の獲得にほかなりません。聞き手を魅了するためには、秘密の更新は欠かすことができない営みなのです。

新しい物語の発見

ソフィ・カル（一九五三〜）は、果敢に新しい物語の発見に挑戦し続けているフランスの作家です。彼女の中編を集めた『本当の話』（野崎歓訳　平凡社　1999）は、いわばそのレポート集といった趣きですが、その一つ、「ヴェネツィア組曲」を取り上げてみましょう。

この物語は、作者とおぼしき女性の一人称で進行します。彼女は、何か月か前から見知らぬ他人の尾行をするのが習慣になっています。相手に興味があるからではなく、尾行するのが面白いからで、カメラで隠し撮りをし、道順をメモしたり、ついには見失って、それきり忘れてしまう、といったことを繰り返しています。

ある日、パリの街なかで男を尾行しますが、その晩、全くの偶然から、その男を紹介され、アンリ・Bというその男がヴェネツィアに旅立つことを知ります。ここから彼女の尾行と隠し撮りが始まります。読者は、彼女の旅日記を読み、スナップ写真を見るという形で、彼女とアンリ・Bの行動を追跡することになるのですが、この作者が仕掛けたトリックは、実に巧妙に読者を物語の迷宮へと誘い込み、次々に提示される謎によって読者を倦ませることがありません。

読者は、欲求不満を覚えると同時に、謎の空白部分を自らの想像力で埋めるという新しい楽しみを手にします。

訳者の野崎歓は、〈ソフィの試みはどこか周囲の人間をもその気にさせ、巻き込まずにはいない誘惑の力を発揮する〉と「あとがき」に記し、この物語が未完の謎を内包することによって読者を魅惑する力を得ていることを証しています。

語り手が選ぶべきテクストもまた、こうした謎と秘密に包まれていなければならないのです。映画化された『薔薇の名前』で知られるイタリアの哲学者であり作家でもあるウンベルト・エーコ（一九三二〜二〇一六）によれば、〈テクストは読者の共同作業を自らの顕在化の条件として要請する〉、つまり、語りの場合、テクスト（物語）が立ち現れるためには、聞き手との共同作業（想像力による参加）を必要とするということにほかなりません。豊かな共同作業には謎と秘密に満ちた物語が必要なのです。なぜなら聞き手の参加度が高くなり、テクスト（物語）を手掛かりにして想像力を羽ばたかせる余地が増えるからです。

語り手の第一の条件は、そのような物語を常に貪欲に求め続ける人といえるでしょう。

テクストと語り

アメリカの比較文学研究者のロバート・スコールズ（一九二九〜）の著書『テクストの読み方と教え方』（折島正司訳　岩波書店）の中に、文学の形式の違いによって、テクストで強調される表現の在り方が違ってくる、ということが述べられています。（テクストをテキストとも表記しますが、ここではスコールズの訳書にあわせてテクストとします）

〈詩は言語そのものおよび個々の主体の言語とのかかわりあいを強調するし、劇は発話行為、対話、見ること、見られること、聞くこと、反応することを強調し、小説はものごとを単純化したり再現したりする言語の力、事態を描写する力、ストーリーを語る力、世界をフィクションや歴史に変えてしまう力、物語る力を強調する。〉

考えてみれば、文学の形式によって、表現の仕方が違ってくるのは当然のことで、それぞれの特色をどう出すかという工夫と葛藤の積み重ねが、文学の歴史を彩ってきたのだといえるでしょう。

では、語りではどうなのでしょうか。

スコールズの文章を、語りに重ねて読んでみますと、語りの表現には、詩、劇、小説の全ての要素が含まれていることに気づきます。

語りでは、①共通語で語るか、方言で語るか、語り手の使う言語との関わりが重視されますし、②発話行為、すなわち語りの場でのプレゼンテーションの力（対話、見ること、見られること、聞くこと、反応すること等の聞き手との相互関係をどう作るか）が問われます。さらに、③ものごとを単純化したり再現したりする力、事態を描写する力、ストーリーを語る力、世界をフィクションや歴史に変えてしまう力、物語る力も求められています。

なぜなら、語りもまた、詩や、劇や、小説と同じくテクストを必要としており、語りのテクストの構造も文学のそれと共通の基盤を持っているからなのです。

テクストをよりよくする三つの行為

テクストというと、直ちに文字によって固定化された印刷物をイメージしますが、スコールズは、テクストを〈果てることもなく増殖し、変化し、相互作用する、知ることと忘れること、そして対話と相剋のネットワークである〉と述べ、固定化されたものというイメージの対極にある、送り手と受け手の相互作用によって、絶えず変化を繰り返す生きた存在であるとしています。

テクストが生き物であるということは、すでに、５「物語と語ることの現実原則」のグリムによる再話について考えたところでも触れましたが、語りの行為にとって大切なことは、テクストにいかに生き生きとした生命を吹き込むかということなのです。スコールズは、読むこと、解釈すること、批評することの三つの行為が、テクストをより良いものにするとしています。
では、語り手にとって、この三つの行為がどのような意味を持つかを、スコールズの論に沿って考えてみましょう。

①読むことの意味

おそらく、ほとんどの語り手がする初めの行為は、語るための物語のテクストを読むことでしょう。文字が読めれば、テクストの文字づらを読むことは誰にでもできます。でも、それではただ単に文面をスキャンしているに過ぎず、物語を読んだことにはなりません。

〈ひとが物語を読むとき、どのように読んでいるかなどということは、ふつう意識にのぼらない。だが、これまでに十分な数の物語を読んで、物語のコードの基本的な要素を知っていなければ、いきなり与えられた物語が読めるものではない。われわれに最初の物語を聞かせてくれたり、読んでくれたりするのは、両親や両親に代わる人たちで、彼らはそうしながら物語のコードを説明する。〉

読むということは、物語のコードを読みとる行為です。物語のコードとは、その物語を読み解くために必要なさまざまな約束事を指します。古来、親の世代は読み聞かせを通して、無意識のうちに物語のコードを子どもたちの世代に刷り込んできました。お話を聞いて育っていれば、人は混乱することなくテクストを理解する力を身につけることができます。

〈このような読者は、ほんの少しの手掛かりから世界全体を構成し、抜け落ちているところを埋め、各部分に時間的な関係をつけ、ウンベルト・エーコが「現れていない章」を書くこと、「推理の散歩」をすることと名づけた欠くことのできない活動を行う。しかもすべては、ためらいも困難もなくやってのけられる。〉

昔話の、三回繰り返しのコードや単純化された表現の約束事の例をあげることもないでしょう。昔話を聞いて育った人ならば、物語の展開を耳で追いながら、無意識のうちに刷り込まれた手がかり（たとえば、ウラジーミル・プロップがロシアの魔法民話の分析によって抽出した三十一の機能のような物語のコード）によって、単純化された語りの表現の向こうに隠されている物語世界の全体像を把握し、テクストを楽しむことができるでしょう。

物語世界を聞き手に届ける語り手は、まず、テクストに隠されている物語のコードの正しい読み手であることが求められます。

〈読むことには、ふたつのタイプのコードがかかわっている。ジャンルに関するコードと文化に関するコードである。物語を物語として理解するためには、物語というものはどういうものかを、まえもって知っていなければならない。〉

ジャンルに関するコードとは、詩、劇、小説などの形式に特有な表現の約束事を指します。文化に関するコードとは、そのテクストが生まれた時代、言語、社会、人々の心性など、テクストを読み解くに当たっての手がかりとなる文化的な共通項とでもいうべきものです。

この二つのコードによって語り手が読み解いた物語を聞くことによって、聞き手は物語の神髄に近づくことができるのです。

読むことのトレーニングとして、スコールズは、たとえば、主人公の視点から物語を書き直してみることを勧めています。目の前にあるテクストをただ読んで覚えて語るのではなく、書き直すという行為によって物語の世界に参加することを通して見えてくるものがたくさんあるはずです。語り手の物語理解が深まれば深まるほど、聞き手に伝わるものも豊かになるのではないでしょうか。

②解釈するということ

テクストの表現の中には、知らない単語やよく考えてみないと意味が分からないことが混じっている場合があります。そうした箇所を分かろうとして調べたり隠された意味を考えたりする行為が解釈です。

〈ベン・ウィンターズはミニバーを探していた。壁の幅木づたいに目を凝らしながら、部屋のすみずみまで探し回った。ミニバーこそは、世紀の大発明だ。映画のなかでなら、何十回も見たことがある。〉

この文章は、アイルランドの現代文学の六人の作家によるオムニバス小説『フィンバーズ・ホテル』（茂木健訳　東京創元社）の書き出しの部分ですが、「ミニバー」と「幅木」という単語は初めてという人もいるかもしれません。「ミニバー」は、ホテルの個室に備え付けてあるウィスキーのミニチュア瓶といった酒類やつまみなどを収めた小さなキャビネットのことですし、「幅木」は、建築の専門用語のひとつで、壁と床の境界に張り巡らされている横木のことを指しています。

この二つの単語の意味がわからないと、ベンの行動を生き生きとイメージすることはできません。

では、次の一節はどうでしょうか。

〈ワインは、ヘビー・メタルの味がした。若い盛りのころに呑んだ味であることを、ローズは思い出した〉

「ヘビー・メタル」とは、重金属を意味する単語ですが、ここでは、そこから転じて、一九七〇年代から一九八〇年代にかけて世界的に大流行した大音量と重いビートのロック・ミュージックを意味することばを指しており、曲だけでなく、ミュージシャンのアクションやファッションなどによって影響を受けた当時の若者たちの価値観や風俗をも含み込んだ内容を伴って使われています。

つまり、このことばの時代的な背景と意味内容といった文化に関わるコードを理解しない限り、ローズが味わっているワインの味はわからないことになります。

このように、コードを読み解く解釈の意義について、スコールズは次のように述べています。〈解釈はたんなる技能ではなく、われわれがなにを知っているかに深く関わったひとつの学的活動＝ディシプリンとなる。それはあるテクストから意味を生みだすというより、ある特定のテクストとより大きな文化的テクストとの関係を発見することだ。〉

テクストの解釈は、テクストでいわれていないこと、暗示だけされていること、ことによると抑圧されていることに迫る営みです。それらに光を当てて、そのテクストの背後にあるより大きな文化的テクストとの関わりを発見することによって、物語理解はより高度なものになり、聞き手に伝わる語りのメッセージもより豊かになるのです。

③批評の立場と役割

アメリカの高名なSF作家・英文学者として知られるジョアナ・ラス（一九三七～二〇一一）に『テクスチュアル・ハラスメント』（小谷真理訳　インスクリプト）と題した著作があります。〈「彼女は書いたが、書くべきではなかった」「彼女は書いたが、生涯にたった一作だけだった」「彼女は書いたが、手伝ってもらった」「彼女は書いたが、彼女だけは例外だ」「彼女は書いたが、しかし……」〉……これらは、同書の帯に紹介されている、これまで女性作家が受けてきた誹謗中傷の典型的なロジック（言いまわし）です。

テクストにおけるセクハラを論じた同書には、女性作家がどのような状況の下で作品を紡いできたかがつぶさに記されています。

『ジェーン・エア』の作者シャーロット・ブロンテの年収は二〇ポンドで、〈その金額は「お世辞にも衣装持ちとは言えない家庭教師が必要とする洗濯代の五倍（つまり、年収のうち四ポンドが洗濯代に消える）」

にすぎず、「『ジェーン・エア』の定価の一一倍」でしかなかった〉といいます。いま、仮に『ジェーン・エア』の定価が一冊千円だとすると、シャーロットの年収はその一一冊分、つまり一万一千円となり、いかに劣悪な条件だったかがわかります。

女性作家のテクストを取り上げるとき、必要な批評とは、個人的な趣味のレベルに立ったものではなく、そのテクストの主題やそのテクストを作り上げた文化的コードそのものへの批判です。ラスは、〈批評とは個人の嗜好ではなく、集団的な判断の問題である。批評家はある集団、階級に属する人々を代表して、その階級にとって重要な問題について語らなければならない〉と論じています。

語り手が物語のテクストを批評する立場に立つときは、自分がどのような集団を代表しているかについての立場を明確にしなければならないのです。語り手がテクストに批判的に向き合うとき、テクストも語り手もともに血を流さずにはいられません。そのように厳しく向き合ってこそテクストに生命がよみがえるのだともいえます。

語り手とテクストの関係は、常に緊張を孕んだものであるべきなのです。もし緊張を失ったら、語り手は生きた人間であることをやめ、ただのおはなしロボットになってしまうからです。

ロシア語の通訳であり作家でもある米原万里（一九五〇〜二〇〇六）氏の『監獄は人を文学者にする』（東京新聞夕刊 二〇〇一年十月一日付）というエッセイに、スターリン時代にスパイ容疑で銃殺された男の妻という理由で強制収容所に八年間も閉じ込められていたナタリヤ・エゴロヴナさんとの会話が紹介されています。

〈「それがね、寓話無しには生きていけないんですのよ」心なしか声が弾んでいる。「本当よ、寓話のおかげで生き延びたんですよ、私たち」ナタリヤさんによると、ラーゲリ（収容所）生活で最も辛かったのは、一日十六時間の過酷な重労働でも、蚤・シラミの大群に悩まされ続けた不潔・不衛生でも、来る日も来る日もひからびた黒パン一枚と水っぽいスープという貧弱な食事のために四六

時中ひもじかったことでもない、というのだ。〉

ラジオ、新聞はもとより、肉親との文通にいたる外部との情報を完全に遮断されたうえ、本と筆記用具の所持を禁じられて家畜並みの状況に追い込まれた女性たちは、ある晩、ある方法で生き延びようとする力を取り戻しました。

〈日中の労働で疲労困憊した肉体を固い寝台に横たえる真っ暗なバラックの中で、俳優だった女囚が『オセロ』の舞台を独りで全役をこなしながら再現するのである。一人として寝入る女はいなかった。それからは毎晩、それぞれが記憶の中にあった本を思い起こし、声に出してああだこうだと補い合いながら楽しむようになる。かつて読んだ小説やエッセイや詩を次々に「読破」していく。

そのようにしてトルストイの『戦争と平和』やメルヴィルの『白鯨』のような大長編までをもほとんど字句通りに再現し得たという。〉

そして、不思議なことが彼女たちに起こります。ただでさえ不足な睡眠時間が夜の語りによって削られたにもかかわらず、彼女たちに肌の艶や目の輝きが戻ってきたというのです。

物語を語り聞くことによって生き抜こうとする力を取り戻したというこのエピソードは、アウシュヴィッツから生還した人々を支えたのが想像力であったというV・E・フランクルの証言を思い起こさせます。

さて、ここで重要なのは、物語の持つ力もさることながら、物語を語り聞くという行為が持っている、計り知れなく大きな力です。

もし、人の精神に働きかけてくる物語の力だけでその人の生を支えるに十分であったとしたら、『オセロ』（ウィリアム・シェイクスピアの代表的戯曲の一つ）を語り始めた女優は、なにも他人に語り聞かせなくても自分の心の中で物語の筋をなぞっているだけでよかったはずです。彼女をして肉声で語らしめたもの、それこそが人がなぜ語るかの、のっぴきならない理由だったにほかなりません。彼女が『オセロ』

の全登場人物を一人で演じ切った時、みすぼらしいバラックは消え去り、彼女の人生で光り輝いていた舞台がイメージの中に立ち現れ、そこに居合わせた人々との思い出が生き生きと動き始めたに違いありません。そして、その肉声に聞き入っていた女囚たちもまた、思い出の中の劇場でそれぞれの人生のドラマを再現したに違いありません。語り手が語り、聞き手が聞くという行為が一つとなって、かつての幸せだった人間関係を記憶に甦らせ、その暖かい褥が彼女たちに生きる力を与えたのです。

人生を物語る

私の父は百歳で生を終えました。その父が九十歳になったころ、問わず語りに自分の人生を語り始めました。

貧乏士族の長男として生まれ、大学進学を断念して商社に就職したこと。商社から派遣留学生として北京に渡り、中国語を学んだこと。独身時代、北京で追われていた満族の皇女を匿ったという、かすかにロマンスの匂いがただよってくる007ばりの冒険譚。このくだりは、当の皇女の伝記にK氏として記載されているから、どうやら本当にあったことのようです。裕福だった遠縁の娘を嫁として迎え、天津、北京、大連で商社員として恵まれた生活を送ったこと。テニス、ギター、マンドリン、アマチュアオーケストラ、ホテル、レストランといったモダンでコロニアル風なライフスタイル。私と弟の誕生。第二次世界大戦の勃発。四十代になっての従軍。病を得て野戦病院に入院していた時に敗戦となり、幸運にもシベリア抑留を免れたこと。このあたりからの物語は、私の記憶と重なります。

夕食後にぽつりぽつり語り始めた身の上話でしたが、ディテールにわたるまで記憶はよどみなく、生き生きと語る声を聞きながら、あたかも走馬灯を見る思いでした。

手遅れの病で母（妻）を送ったときの慙愧の思いや、自分が無宗教であり、死後は献体してほしいと希望を述べたことなど、今も耳許にはっきりと残っています。

父に人生を語らせた思いは何だったのでしょうか。その思いが痛切に伝わってきたのは、父が言葉を失ったときでした。見つめることでしか、思いを伝えられなくなった父を目の前にして、できることなら脳の中の記憶の全てをコンピューターにコピーして再生したいと願ったものです。

万人に等しく訪れる沈黙の時を前にして、人生を語り聞かせることによって子どもたちに自分という存在を記憶という形で残したかったのではないでしょうか。

語り手たちの会が以前行った公開講座「高齢者に語る」勉強会で、実際に高齢者を前にして語っておられた四人の会員の方の豊かな体験を聞いて、多くの高齢者が語り手の語りに触発されて、自分の生きてきた時代の出来事や思い出を問わず語りに語り始めるという事実を知り感動しました。まとめのコメントで、私はおおよそ次のような感想を述べました。

〈孤独な精神生活を送っている人たちとって、語りは孤独な魂を精神的に支え、癒す働きをするのではないか。大きな意味のホスピスにつながるのではないか。そして、語り手がただ一方的に語るだけでなく、お年寄りの話に耳を傾けることによって、お年寄りが自分の人生に意味を持たせる、すなわち自分の物語を心の中に書くためのお手伝いをすることになるのではないか。〉

ボケの症状の現れはじめた高齢者に、その人が歩んできた人生を、根気よく語り聞かせることによって記憶が戻ってくることがあるという報告が示すように、その人の人生の物語は、その人の存在証明であり、その人の生きる力とプライドの根源であるといえるでしょう。

語り手は、癒し、癒される存在

ドイツの現代作家ベルンハルト・シュリンク（一九四四〜）の『朗読者』（松永美穂訳　新潮社）は、朗読で十五歳の少年の魂を震わせた二十一歳年上の恋人が、実は冷血なナチだったという残酷な愛の物語ですが、そのシュリンクが新しく発表した短編集『逃げてゆく愛』（松永美穂訳　新潮社）に「もう一人の男」という作品があります。

愛する妻を癌で失って生きる意欲を見失っていた男のところに、ある日、妻宛ての一通の手紙が届きます。開封して読んでみると、見知らぬ男からの妻へのラブレターでした。

〈彼は最初、ただ驚いていた。それから、欺(あざむ)かれ奪われたという気分になった。彼に属するもの、彼が当然持つべきだったものを妻は騙(だま)してごまかしたのだ。そして、もう一人の男がそれを盗んだのだ。〉

嫉妬と信じたくない思いとに悩まされながら、はたして、彼の知らないもう一人の妻が存在していたのか、彼は彼にとってぽっかりと穴のあいた妻の人生を探り始めます。密かに妻の恋人だった男に近づいて男の過去と現在を探り、自分とその男に寄せられた妻の愛の在り方を比べようとします。そして、その結果は？

〈あの男に対抗しているうちに、彼はリーザを失ってしまった。あの男が他人であるのと同じように、リーザも他人になってしまった。愛と嫉妬と謎解きと復習をめぐる計算に、彼はもう飽き飽きしていた。彼女はこの寝室で彼の横に眠っていたのだし、死んでからも、まるで腕を伸ばせば彼女に触れられそうな気がするほど、彼女のことは生き生きと思い出すことができた。けれどもいま、彼の横には空っぽのベッドだけがあった。〉

この作品は、人が自ら記憶に書き綴ってきた物語を失うと、人生そのものが無残にも空虚なものと化してしまうことを教えてくれています。男は妻が生きた現実の物語を受け容れ、記憶の内なる物語を書き改めることで生きる力を取り戻すところで終わっています。

語り手は、聞き手を癒すことで自らもまた癒される、そのような存在といえるのかもしれません。

8　未来の語り手たちのために

メッセージはどこからくるのか

語りは、何かについて物語る行為です。何かについての物語には、ストーリー（筋の運び）があり、ストーリーには、何らかのメッセージが隠されています。

作家の阿刀田高（一九三五〜）氏は、「ストーリーの質」と題したエッセイ（朝日新聞夕刊　二〇〇二年四月十日付）でこのように述べています。

〈語り手が語るときにまず取り組まなくてはならないことは、ストーリーの中に隠れているメッセージを探し出すことです。〉テクストと語りについて論じた章で、〈読むということは、物語のコード（その物語を読み解くために必要なさまざまな約束事）を読みとる行為です〉と述べましたが、その物語がどのような約束事によって構成されているかを読みとる目的は、物語に内包されているメッセージを炙り出すことに他なりません。普通は、テクストを何回も読み返し、読み深めることを通してその物語のメッセージが次第に明確な形となって立ち現れてきますが、よほど意識して分析的に読み込まないとメッセージを捉えるのは容易ではありません。情緒的なレベルの読みとりで自己満足したり、手前味噌的に都合よく解釈したり、誤解に気づかなかったり、およそメッセージの伝達者としては不適格といわざるを得ない場合が少なくないのです。まず、物語のメッセージを正しく捕捉すること。情緒的な色付けや演出は、あくまでメッセージを聞き手に効果的に届けるために後から加えられるべきなのです。

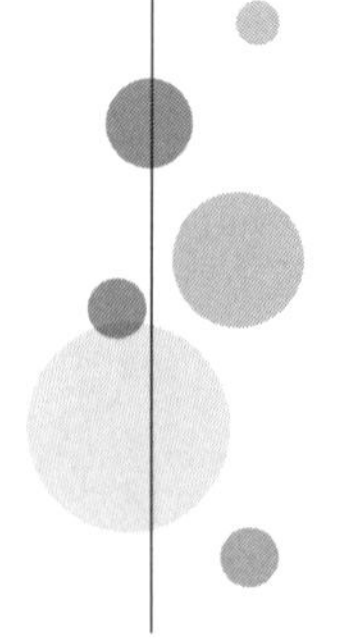

メッセージの捕捉は、いわば知的な営みです。知的な営みには、方法論（メソッド）が必要です。明治大学文学部教授の齋藤孝（一九六〇～）氏の方法論が物語のメッセージを捕捉するメソッドとして有効だと思われますので、その要旨をご紹介することにしましょう。

三色ボールペンの技法

齋藤方式は、テクストに三色ボールペンで線を引きながら読んでいくという読書法です。（『三色ボールペンで読む日本語』角川書店）

具体的には、テクストの「まあ大事」（客観重要）という箇所には、青色の線。「すごく大事」（客観最重要）な箇所には、赤色の線。自分の好み（主観）で「おもしろい」と感じた箇所には、緑色の線を引きます。三色の線は、ダブって引いても構いません。

この方式で一つの文章に三色の線を引いていくためには、文章の中でその段落がどのような視座から、何をメッセージし、どのような役割を担っているかを判断しながら読まなくてはなりません。このような読書法は、私たちが語るとき、頭の中で無意識のうちに行っていることと同じです。この読み解きを誤ると、ストーリーの流れが乱れたり澱んだりして、聞き手はどこに焦点を当てて聞けばよいか混乱してしまい、その結果として物語のメッセージが宙に漂ってしまうことになります。

〈「自分なりの読み方」と称した、勝手な客観性のない読み方が許容されている現実には、私は我慢ができない。新聞の書評でさえも、著者の一番のねらいを外して勝手な印象を述べて悦に入っているケースを、しばしば見かける。日本における、客観性の軽視は深刻なものだと考える。自分で相当知的だと思っている人でも、主観性（間主観性（かんしゅかんせい））を軽視あるいは蔑視さえする人がいる。これは、著者と自分以外の読者をないがしろにする傲慢な態度である。〉

齋藤氏は、こうした自分なりの読み方をするのは客観的な要約力不足であり、読みのレベルの浅さが相互的な理解を妨げる原因になっていると指摘しています。語りにおけるメッセージとは、齋藤氏の言う〈著者が言いたい主旨〉に当ります。物語のテクストに三色の線を引くことによって、青線の引かれた客観的に重要な部分と、赤線の引かれた客観的に最も重要な部分が明確に捉えられ、テクストのメッセージを着実に把握することが出来ます。緑線の部分は、語り手の個性をのびのびと表現していい部分に当るでしょう。

より深いレベルの読みへ

昔話の登場人物として馴染み深い一人に「山姥」がいます。

ちょうふく山のふもとの村に、ある日、一陣の生臭い風が吹き、「山姥が子を生んだから餅をついてこい。さもないと村中の人と馬を食い殺すぞ」という声が響き渡るところから始まる「やまんばのにしき」。

牛の背に干鱈を積んで山道を越えていた牛方の三十郎に後ろから呼びかける声がするので振り向くと、「干鱈一枚くれー」と髪を振り乱した山姥が迫ってくる「牛方と山姥」等々。

各地に伝わるさまざまな山姥話に登場する恐ろしげな老女のキャラクターは、何を意味し、どんなメッセージを秘めているのでしょうか。水田宗子・北田幸恵編の『山姥たちの物語』（学芸書林）は、山姥やそれに近い人物が登場する物語をフェミニズムの視点から分析した論考で、山姥話を深いレベルで読み解いています。女性学の水田宗子（一九三七〜）氏の序論から山姥を読み解くキーになる部分を紹介してみましょう。

〈多様な山姥像に共通する特徴は、山姥が山に棲む女、より具体的には、里には棲まない、あるいは、棲めない女であるということだ。テキストの中で女性の類型化、分類化が行われるとき、それが女の居場所による、女の領域化と結びついているのが、顕著な特徴である。　…中略…

日本の山姥の場合はさらに明確に、領域化によって分類される女であることが明瞭である。山姥は里の女ではない。里に囲い込むことができない女である。里の女は定着する女だが、山姥は移動する女である。山姥は山に棲むが、一所に棲むのではなく、あちこち自在に動き、里の者にとっては神出鬼没である。山はそもそも連なっており、囲いをつくって領域化することがむずかしい場所だ。そこに棲む人も動物も飼いならすことがむずかしい。里は、その危険な山から自分たちの場所を隔離して、安全な場所として確保するために領域化した場所といってもいいだろう。そこに入れるのは、あるべき女の理想像としてテキストに表象され、記号化されている、里の女である。山姥は、その里の女の規範から逸脱した者として語られ、表象される。

…中略…

山は里にとっての異領域であり、異文化である以上に、里のコントロールの不可能な治外法権領域であり、そこに棲む女は、里の男にとって、二重に差異化された性的存在なのである。囲い込み、飼いならした里の女を規範として、それに照らして見る山姥は、周縁化された女という以上に、男たちの理解も支配も超えた不可触領域に棲む異類の女なのである〉

山姥の存在をこのように捉えると、普段、里に棲む人間の立場から、恐ろしくもおぞましいキャラクターとして山姥を表現し、語ってきた山姥話に、新しい展望がひらけ、解釈と表現に変化と深みが加わってくるはずです。

〈里の女はその原初的な力を失った山に棲めない女であり、山姥の棲む場は、里の外であるばかりでなく、里の失った原初の生命の場としての幻想の桃源郷である。

このような山姥像のテキスト化は、里のジェンダー文化の外部への恐怖、興味、憧憬、畏敬の念の所産であり、それらの表象であると考えることができる。

……中略……

山姥は、性差制度の外部の女性のメタフォァ（隠喩）なのである。山は性差文化の及ばないトポス（場所）なのである〉

このような深い読みに到達するには、〈そのテキストの背後にあるより大きな文化的テキスト〉に迫らなくてはなりません。物語のメッセージを捕捉するには、語り手の持つあらゆる知識・経験をフル活用するほかに、研究的な姿勢と新しい世界への探索行動が必要となります。

広がる豊饒な世界

水田氏は、林芙美子の『浮雲』を〈セクシュアリティの力で男からの自立と精神の自由を得ようとする女が、社会の外へと押し出され、転落していくプロセスを描いたが、それは自立心の強いセクシャルな女が、里から野へ、さらに山姥へと変容していく道程を描いたとも言えるだろう〉と読み解きます。他にも大岡昇平の『花影』やイギリスの作家ジーン・リースの『サルガッソーの広い海』等に登場するヒロインを、現代文学の中に蘇った〈原初的な女の力を象徴する存在〉、すなわち山姥の生まれ変わりと捉えています。

ここに山姥話をいま語ることの意義と、山姥話に語り手が託すべきメッセージが何であるかを考えるヒントがあります。

まず、語り手である私が里の人間の立場に立つのか、それとも性差制度の外側にいる山姥の立場に立つのかが問われます。もし前者であれば、山姥話は単なる怪談話として語られるでしょうし、後者の場合、山姥話は性差制度への批判的言説として語られるでしょう。山姥話にとどまらず、昔話を語るとき、語り手に求められるのは、そのストーリーとどう向き合うかという基本的なスタンス（姿勢）です。

次に、ストーリーを介して伝えられるメッセージについていえば、前者では、山姥は秩序への挑戦者であるという負のメッセージが伝わるでしょうし、後者なら、山姥は性差制度を無化する戦略と可能性を示す正のメッセージを発することでしょう。

このように、そのストーリーへの語り手のスタンス次第で聞き手に伝わるメッセージも変わってきます。同様なことが聞き手のスタンスによっても起こります。聞き手が確信犯的に性差制度に肯定的な場合には、批判的なメッセージを語り手が伝えようとしても撥（は）ねつけられてしまうでしょう。もし語りによって自分のスタンスと異なったメッセージを聞き手が受け入れたとしたら、その語りに説得力があったということになります。

物語の形式と機能について研究する物語論（ナラトロジー＝narratology）の研究者ジェラルド・プリンス（一九四二〜）は、『物語論の位相―物語の形式と機能』（遠藤健一訳　松柏社）の中で、語り手と聞き手のコミュニケーションについて次のように述べています。

〈あらゆる物語のコミュニケーションにあって、何であれ障害になるのは、全体としてのコードではなく、むしろ送り手と受け手がコードについて共有しているもの、より具体的には送り手・受け手がメッセージを符号化・複合化するのにそれぞれの個人的なストックから選択してくるものの方にあるのである。コードのこのような部分集合は多少なりとも重なってはいてもまったく同じというわけにはいかないのである。〉

両者の間に経験・知識・言語感覚・感性等の違いがあるかぎり、物語のメッセージの受け取り方にくい違いが生じるのは当たり前ということになります。

言い換えれば、語り手と聞き手のせめぎあいの中に語る意義と奥深い面白さがあるということになります。語りの世界は、まさに混沌と豊饒の海といえるでしょう。

人はなぜ語るのか

プリンスは、膨大かつ精緻な物語論をフランスの哲学者ロラン・バルト（一九一五～一九八〇）の『物語の構造分析序論』の引用から始めています。

〈物語は、神話、伝説、寓話、おとぎ話、短編小説、叙事詩、歴史、悲劇、折衷劇、喜劇、パントマイム、絵画（カルパッチョの「聖ウルスラ伝」を考えていただきたい）、焼絵ガラス、映画、続き漫画、三面記事、会話のなかにも存在する。そのうえ、ほとんど無限に近い形をとりながら、あらゆる時代、あらゆる場所、あらゆる社会に存在する。物語は、まさに人間の歴史とともに始まるのだ。物語を持たない民族は存在せず、また決して存在しなかった。あらゆる社会階級、あらゆる人間集団がそれぞれの物語をもち、しかもそれらの物語は、たいていの場合、異質の文化、いやさらに相反する文化の人々によってさえ、等しく賞味されている。物語は良い文学も悪い文学も区別しない。物語は、人生と同じように、民族を越え、歴史を越え、文化を越えて存在するのである。〉

バルトのいう物語の遍在こそ、私たちが語らずにはいられない存在であることの証明といえるのではないでしょうか。人間の暮らしているところにあまねく存在している多様な物語に、人はなぜ語るかの答が潜んでいるのです。

愛の物語、裏切りの物語、死の物語、冒険の物語……それらを語るのは、私たちがまさにその物語と同じ世界に生きているから、そして生きたいと願っているからにほかなりません。

私たちは、語らずには生きられないから語ります。よりよく語るために物語の構造を探求し、何を語るのか、どう語るのかを追求します。

〈可能な物語すべてのそれだけの性質を研究すること、可能な物語の形式と機能を説明すること、物語を構築し、パラフレーズ（解体）し、要約し、敷衍（ふえん）できるのは何故なのか、あるいは、どのようにしてそれは可能になるのかを検討すること、プロット、語り手、聞き手、作中人物のような範疇によって物語を編成すること、こういったことは、意味生成と理解に関するひとつの基本的方途の研究に等しいのであって、いわば人間に固有のことがらの研究なのである。〉

プリンスは、〈つまるところ、物語論は、人間とは何かの理解に貢献できるということである〉という一節で論文を書き終えています。

人はなぜ語るのか、それは、自らを含め、人間はどのような存在であるかについての、終わりのない探究心、尽きせぬ好奇心のなせるところ。そして、語りを通して生きることの意味を知り、生きた証を次の世代に伝え、安心立命しようという切実な願望に突き動かされてのこと。聞き手と心を通じ合わせる瞬間の至福を味わう歓びのため。

語ることは、生きることそのもの。だからこそ、真摯に、心豊かに取り組みたいと思うのです。

II

語りの源流への旅

―本の森を探索しながら―

1 魂を鎮める

王様の耳はロバの耳

人はなぜ知り得たことを心の奥底にしまいこんでおくことができないのでしょうか。

〈「わしの耳の秘密は、けっして他人にもらしてはならぬぞ。もらしたものなら、おまえの命はないものと思え！」

床屋はおそれおののいて、けっしてだれにもその秘密をもらさないことを王さまにちかって、ぶじにつとめをはたして家に帰りました。でも言えない秘密を心にいだいていると、まるで重たい荷物をしょっているようで、苦しくてたまりません。だれかにそれをうちあけなかったら、その重みでおしつぶされてしまいそうです。だからといって、ほかの人間に話したら、命がありません。

とうとう床屋は、ひとつの抜け道を考えつきました。こっそりと野原に出ていって、深い穴をほり、その穴の中へ、

「王さまの耳はロバの耳、王さまの耳はロバの耳、王さまの耳はロバの耳……」

と、思うさま言って、その重みをおろしたのです。〉

（『新編世界むかし話集』5東欧・古代編　山室静編著　社会思想社）

他人に言えない秘密を心にいだいていると、重い荷物を背負っているようで、苦しい。そこで、その秘密を吐き出すと楽になる。このギリシャに伝わる物語はそう教えてくれます。

宗教の信者が神や仏に自らが犯した罪を告白し、許しを求める懺悔にも、安心立命につながる心の負担を軽くするという功徳があるといえるのではないでしょうか。

心の中にあるものは、心から出ていかなくてはならないのです。心にとどめ続けることは至難の技なのです。

ヒース酒の秘密

心の中にあるものが心から出ていくためになくてはならないのが、声であり、ことばです。

遠い昔、スコットランドにピクト人と呼ばれる一族が住んでいました。彼らは美しいえんじ色の花をつけるヒースを使っておいしいお酒を造る秘法を代々伝え合っていましたが、六世紀のころアイルランドから攻め込んできて住み着いたスコット人もその秘法が知りたくて知りたくてたまりませんでした。九世紀に入ってのこと、スコット人の首領がついに秘法を受け継ぐピクト人の年老いた父親とその息子を捕えて、ヒース酒の秘密を聞き出そうと責めたてました。激しい拷問にまもなく息子の方がうめき声を上げ始めたのを見て、年老いた父親は言いました。

〈「では、きみたちの知りたがっている秘密をうちあけよう。しかし、息子に秘密をもらすところを見られては、はずかしい。だからどうかその前に息子を殺してしまってくれ」

スコット人たちは、よろこびの叫びをあげて、息子にとびつき、そのなわをときました。ついで首領は自分で刀をぬいて、その胸をさしつらぬいて言いました。

「じいさん、息子は片づいたぞ。さあ、ヒース酒の秘密を遠慮なく打ちあけるがよい」

しかし、スコット人が熱心に待ちかまえていた時、老人は息子の屍のそばに静かに立って、こう言って彼らをあざ笑ったのです。

「ばか者ども！　きさまらのおどしや甘言や拷問で、このわしからヒース酒の秘密をかすめ取れると思っていたのか？　おれは息子が苦しがってうめくのをきいて、あいつがまもなく拷問にたえられなくなるのを知った。息子はまだ若いから、この緑の大地や、青い海や、空とぶ鳥の群れに別れをつげるのが、たえられんのじゃ。だからわしは、やつが秘密をもらさん前に、おまえらに殺させたのだわい。もう安心じゃ。さあ、なんとでもわしをするがよい。わしは断じてヒース酒の秘密は、打ち明けんからな」〉（『新編世界むかし話集』1イギリス編　山室静編者　社会思想社）

命に引き換えても声に出すことのできない秘密もあるということを、この物語は語り継いでいます。声を出さないことによって、ことばにしないことによって守られる心の秘密や思いもあるのです。これは語られない真実とでもいえるでしょう。語らないことによって得られる心の平安。語らないためには命を捨てることさえ厭わない強い意志。人間の心の働き、ありようはなんと複雑ではありませんか。

ことばをからだが裏切る……

心のうちを他人にさとられないために、人はさまざまに策略をめぐらします。態度、行動、ことばを駆使して真実をぼやかしたり、積極的に隠したり、ごまかしたり、正反対のことをしたり、言ったりします。たとえば、恋愛です。

〈このわたしをおいてひとりヴァカンスに出かけたきりXからはなんの音沙汰もない。事故でもあったのだろうか。郵便ストのせいだろうか。冷淡さのせいだろうか。距離を置いて気を惹こうという手管なのか。ひとりで生きたいという一時的衝動の実践なのだろうか。（「若さがその耳を聾（ろう）しているので、彼にはなにも聞こえない」）。それとも単なる無邪気さのせいだろうか。わたしの苦悩はますます進行し、待機の劇の台本通り、すべての幕を経過する。しかしそのXも、いつかは再び姿を見せるだろう。そうせぬわけにはゆかぬのだ。（そのように思えば、すべての苦悩がたちまち無益なものになるだろう）。しかし、そのときわたしはXになんと言うのだろう。この心の乱れは隠しておくべきだろうか―あの人が再び姿を見せた以上、もう終わってしまったことなのだし（「どう、元気？」）。あるいは、苦悩を攻撃的に爆発させるべきだろうか（「ひどいじゃない、せめて……ぐらいできたでしょうに」）。めんめんとかきくどくべきだろうか（「あなたはわたしをどれほどの不安に陥れたことか」）。それとも、あの人によくわかって、しかもショックを与えないように、デリケートな、軽い調子で言うべきだろうか（「少々ばかり心配しましたよ」）。わたしは第二の苦悩に捉えられる。最初にあった苦悩をどの程度まで明かすべきか、その決断に迫られる苦悩だ。〉（『恋愛のディスクール・断章』ロラン・バルト　三好郁朗訳　みすず書房）

恋は人を悩ませずにはおかない。心の真実にサングラスをかけて相手と自分にフェイントをかける。狡猾な暗示法さえ使うのです。

〈わたしは自分の言語活動によって一切をなしうる。しかし、自分の肉体についてはそうもゆかぬのだ。言語活動によって隠しているもののことを、わたしの肉体は語ってしまう。言語的メッセージなら思いのままに変えることもできるが、声となるとそうはゆかない。たとえなにを語ろうと、わたしの声の調子で、「なにかある」ことをあの人は確認する。わたしは嘘つきである（暗示法を用いている）が、役者ではないのだ。わたしの肉体は手に負えぬ子供で、わたしの言語はあまりにも礼儀正しい大人なのである。〉（前出書）

たしかに、恋する人は役者ではありません。ですから、ことばをからだが裏切ることも起こり得るのです。では、語り手はどうなのでしょうか。

言の葉の樹

『ゲド戦記』の作者アーシュラ・K・ル・グィン（一九二九〜）が二〇〇〇年に発表したサイエンス・フィクション『言の葉の樹』（原題＝The Telling）は、大宇宙連合が結成された未来世界で、詩や小説、歴史書、哲学書等、過去のあらゆる印刷物が焚書にされる惑星アカを舞台に、ひそかに伝えられている語りを求めて調査を進める地球人の女性サティの物語ですが、語りやことばについてのル・グィンの鋭い洞察が随所にちりばめられていて、興味深い内容になっています。

惑星アカでは、〈数千年にわたり創り出され練り上げられてきた思想や生き方、たがいに輻輳する文字記号、暗喩、通信、理論、宇宙論、料理、徒手体操、物理学、純正哲学、冶金学、医学、生理学、心理学、錬金術、化学、書道、数秘学、植物学、食餌療法、伝説、寓話、詩歌、歴史、物語の膨大なシステム〉が真実の敵とされ禁じられていました。

〈ここは富もなく、虐げられ苦難の生活を強いられている小さな町だった。それでもひとびとはマズ（アムヤズと呼ばれる寺院に住み、物語を語る者）を支え、〝言葉による〟教えに金を支払っていた。ひとびとは夜になるとほうぼうのマズの家に集まって物語や議論に耳を傾け、銅貨や小額の紙幣で決められた料金を支払った。〉（『言の葉の樹』小尾芙佐訳　早川書房）

こうして過去の文化はマズによってひそかに伝えられていました。

〈彼らは〈語り〉を演じ、みずから役を演じた。彼らは語った。

あるマズたちはあまり語ることはなかった。先祖から受け継いだ、あるいはあたえられた書物や詩集や地図や物語を所有しているもので、せいぜい年一回、それもおおむね冬にそれらを展示したり、訪れるひとびとに音読して聞かせたり、暗記したものを朗誦したりした。これらのひとびとは教養人と敬意をもって呼ばれ、家宝を所有し、しかもそれらを他人とわかちあうことで尊敬を集めていたものの、彼らはほんとうの意 味でマズではなかった。マズは専門職なのだ。自分の人生の大部分を物語の体得に費やし、そうすることによって生活費を得ている。〉（前出書）

語り手は世界を語る

語り手であるマズの一人イリイドは、なぜ語るかについて次のように述べます。

〈「それがわたしたちの持っているすべてなのだよ。わかるかね？ わたしたちに世界があるということはそういうことだ。語りなくしてはすべてが無だ。一瞬の時は川の水のように流れ去る。もしその一瞬の時に生きようとするならば、わたしたちはくるくる回るだけでどうしようもないだろう。赤児みたいにね。赤児ならそれでもいいが、わたしたちは溺れてしまう。わたしたちの心は語らねばならない。語りが必要だ。踏ん張るためにね。過去は過ぎ去り未来には足場がない。未来はまだ無だ。どうやって未来に生きることができようか？ だからわたしたちにあるものは、起こったことを起きていることを語る言葉だ。過去にあったもの、現在あるものを」

「記憶？」とサティはいった。「歴史？」

イリイドはうなずいたが、その言葉に満足したわけではなく疑わしそうだった。しばらく考えたのちこういった。「わたしたち世界の外にいるのではないのだよ、ヨズ。わかるね？ わたしたちが世界なのだ。わたしたちがその言葉なのだ。だからわたしたちは生き、言葉も生きる。わかるかね？ もしわたしたちがそれらの言葉を語らなければ、この世界に何があるだろう？」〉

年老いたマズのアミングは、〈「もしわれわれが世界を語らなければ、世界のことはわからない。その中で迷ってしまう、死んでしまう。だがわれわれはそれを正しく語らねばならない。真実を話さねばならない、なあ?〉と述べます。

もう一人の若いマズはこう答えます。

〈「歴史と〈語り〉は同じものだとおもいますね」ユンロイが結論をいった。「物事を聖なるものとして保存する方法です」

「聖なるものとはなんですか?」

「真であるものは聖なるものです。虐げられたもの。美しいもの」

「すると〈語り〉は出来事のなかに真実を見つけようとしているのですね……あるいは苦痛のなかに、あるいは美のなかに?」

「見つけようと努力する必要はないのです」ユンロイはいった。「聖なるものはそこにある。真実のなかに、美のなかに。それゆえその語りは聖なるものです」〉

ル・グィンは「聖なるものはそこにある。真実のなかに、美のなかに。それゆえその語りは聖なるものです」とマズに語らせることで、語りの本質を鋭く抉り出しています。

代弁者という存在

ある人の身代わりになってその人の考えや言い分を語る人のことを代弁者といいます。たとえば、このように使われます。
〈エドワード・サイード氏はパレスチナ問題の解決を訴え、パレスチナ人の声を代弁した人物と報道された。〉(『つらぬいた「異邦の異邦人」』大橋洋一東京大学教授　朝日新聞夕刊　二〇〇三年九月二九日付)
エドワード・サイード(一九三五~二〇〇三)はパレスチナ出身のキリスト教徒で、十歳の時アメリカに渡り、国籍を取ってニューヨークのコロンビア大学教授として活躍したスケールの大きい知識人です。

では、サイードが代弁したパレスチナ人の声とはどのような声だったのでしょうか。前後の文脈からパレスチナ問題の解決を訴える声を代弁したことが分かります。パレスチナ問題といえば、キリスト教徒とイスラム教徒の間で繰り広げられている血を血で洗う激しいテロの応報を連想しますが、サイードがどのような立場からどのような解決を訴えていたのでしょうか。

サイードの代表的な著作『オリエンタリズム』（平凡社）は、長い年月にわたって西洋世界が中東に代表される非西洋世界を一段と低い存在として扱い、その偏見で歪んだレンズを通して見た、誤った姿をオリエント＝東洋として向き合ってきた歴史を論証した著作です。

サイードは、西洋が東洋を異なったものとみなして境界を設けているかぎり、両者の対立は終わらないとし、その対立を煽ってきたものこそ西洋が生み出したオリエンタリズムに他ならないとします。そして、パレスチナ問題こそ、オリエンタリズムがもたらしたイスラエル人とアラブ人による西洋と東洋との代理戦争に他ならず、その解決には、どちらかがどちらかを一方的に支配しようとする帝国主義や自分だけが正しいとするナショナリズムではなく、新しい異種混交の道が必要であると訴えます。

姜尚中東大教授は、その新しい道についてこう書きます。

〈ニュースピーク（世論操作のための欺瞞的用語）が撒き散らすのは「われわれ」と「やつら」、「こちら側」と「あちら側」といった、他者のアイデンティティーや文化を排除する「側（サイド）の発想」である。サイードは、そのような「側の発想」をきっぱりと拒絶し、パレスチナが被っている辛酸や苦難を、世界中の他者のそれらと結びつけ、その記憶を喚起し、更新することに生命を賭してきた。この知識人の条件を比喩的な意味もこめてサイードは「亡命状態」と呼んだが、エルサレム生まれのパレスチナ人にしてキリスト教徒であり、米国籍であったサイード自身が、まさしくその「亡命状態」を生き抜いたのである。…そこに脈打っているのは、他者を他者として受け入れる自由な精神はいかにして可能なのか、この問いへの飽くなき探求ではなかったか。〉（東京新聞夕刊　二〇〇

三年十月三日付）

このようにサイード氏の思想についての理解が深まってくると、氏が代弁したのは不特定多数のパレスチナ人の個々の具体的な声というよりは、声にならないパレスチナ人の内なる願望の思想化であったことが分かります。

二〇〇三年十月五日付の新聞で見つけた分かりやすい用例を二つ紹介しましょう。

その一は、朝日新聞の読者コラム「ひととき」に載っていた三重県の池田美寿々さんが『輪禍で逝った息子へ』の中で、「交通事故自動記録装置」の増設を訴える文章で使った例です。

〈全国で初めて、裁判の証拠として採用され、あなたの無念を晴らす手助けをしてくれたその装置は、全国で約五四〇カ所、三重県内ではまだ十三カ所しか設置されていないことを新聞で知りました。今後一台でも多く設置され、物言えぬ被害者の代弁者になることを望まずにはいられません。〉

その二は、「オヤジギャル」の名付け親として流行語大賞を受けた漫画家の中尊寺ゆつこ（一九六二〜二〇〇五）が、東京新聞の総選挙関連の連載の中で使っている例です。

〈最近の女の子は「選挙になると、知らないオヤジがしらじらしいことを言い出すけど、私たちのことを代弁してくれるわけじゃないし、当選しても何をしてるんだか分かんないし」と、投票に行くよりも自分磨き。〉

この二例でも、「代弁者」や「代弁する」という言葉が、日常の場面でも使われていることが分かります。

代弁者とは何者なのか

代理人は、あることに関して代理してもらうことを希望する人からの依頼を受けて行動する人物ですし、代議士は、選挙民の投票によって投票した者の政治に関する権利を代行する人物です。

では、代弁者はどうでしょうか。

岩波国語辞典によれば、〈①本人に代わって弁償する、または事務を執ること。②本人に代わって意見を述べること〉とありますが、本人と代弁者の関係については定かではありません。前出のサイード氏が全パレスチナ人から何らかの依頼ないしは委託を受けていたとは考えられませんし、「交通事故自動記録装置」は事故者の意思とは関係なく結果として事故者の代弁者となったにすぎません。つまり、代弁者の場合は、代弁してもらう立場の人と代弁する人との間に必ずしも明白な契約関係があるとは限らないのです。

このことを日本中世文学専攻の小峯和明（一九四七〜）立教大学教授の『説話の森―中世の天狗からイソップまで』（岩波書店）を手がかりにしながら、語りの世界に引き寄せて考えてみましょう。

まず黒田日出男（一九四三〜）東京大学史料編纂所所長による巻末の解説をひもときます。

〈説話は古代から現代にいたるまで創造され続けてきた。しかし、中世は別格だ。（混沌）の時代であった中世では、人々は、世界を認識する枠組みである説話を通して、現実の（混沌）と向き合い、自らの存在を確認しようとした。…説話のもとになるのは事実ないし出来事であった。説話は少なくともそのようなかたちをとる。しかし、説話は語られた事実であり、事実そのものではない。事実とされるものは、その（不思議）さゆえに説話となる。説話は、何よりも事実のもつ（不思議）を語るものであるが、それはあくまで言葉によって創造されるのだ。〉

続いて著者の「あとがき」を読んでみます。

〈いつだって人は話が好きであり、おもしろい話を好むものだ。説話は実に身近なところで息づいている。それが文芸の基本であろう。人は説話にいろいろな思いを託して生きてきた。これからもそうあり続けるだろう。過去いくたびも説話のエネルギーにとりつかれ、創造と伝承にたずさわってきた人々がいる。…説話を語り聞き、書き読む行為をささえる、根本の心を忘れたくない。説話がそうであるように、説話の研究もまた無類のおもしろさをもち、説話を回路にして日常を活性化するのでなければ、と思う。…説話の研究は、この十年で説話集中心のテキスト論から媒体・メディアをはじめとする言説全般の研究におおきく様変わりした。説話はあらゆる領域の地盤であると同時に、あらゆるものと結びつき、呑み込み、増殖してゆく。説話はもはやたんなる特定の一ジャンルではない。かつて領域をへだて分節された壁は次々と壊され、乗り越えられてゆく。〉

さて、いよいよその説話における語り手の位置づけです。著者の小峯氏によれば、文献上での最も古い説話は、九世紀の元慶八年（八八四）に唐から密教を日本に伝えた智証大師円珍の『授決集』の中の「唐人説話」であり、その内容は、次のようなものだったといいます。

〈『妙法蓮華経』などの仏典の漢訳で名高い西域の鳩摩羅什が『維摩経』を翻訳して時の姚興王に献上したところ、巨大な須弥山を芥子粒に入れる極大・極小を逆転した経典の比喩を王が不審がったのに対し、羅什は顔より小さい鏡が顔を映し出す比喩にたとえて、やりこめるというもの〉

ここでの語り手は、面白さもさることながら、一義的には仏法の代弁者＝民衆の教化を目的とする説教者の立場であったと思われます。

発祥の地、中国では唐・宋時代を通して僧侶による民衆教化の俗講をはじめ、都市文化の発展が生み出した小説・講史・説経など多彩な話芸が盛んになり、それらを総称して「説話」、語り手を「説話人」と呼びました。

ところが、わが国では、鎌倉後期に入ると説話は修行の妨げになるという理由で禁止されてしまいます。その背景を、小峯氏は、民衆の中で次第に説話の内容が世俗的なものに変容し、仏法の教化や求道の言説から逸脱していったためではなかったかと推察しています。変容した説話は雑談と呼ばれ、男女の色恋が語られて心の慰み＝退屈しのぎの手段となっていたというのです。この雑談の語り手たちは、さしずめ民衆の猥雑にして旺盛なるエネルギーのはけ口としての代弁者だったのではないでしょうか。そして、仏法というわば向こう側の声＝思想の代弁者から、猥雑な民衆のエネルギーというこちら側の代弁者になったことで、語り手は自分の内心の声の語り手へと脱皮し得たのではないでしょうか。しかし、この脱皮は単に立場の転換にしかすぎないともいえます。なぜなら必ずしも語り手としての意識に目覚めての主体的な転換とはいえないからです。

代弁者としての語り手

語り手を代弁者としてみるとき、ただちに誰を、何を代弁するのかという問題が立ち現れてきます。初めに、作家水上勉（一九一九～二〇〇四）の作品『たそ彼れの妖怪たち』（幻戯書房）の一部を引用しながら考えてみましょう。

水上は、若狭の国の中央部の海岸からおよそ四キロ山へ入り込んだ谷奥の村の出身で、貧富の差のあまりない平穏な六十三戸の村で育ちました。村の真中に大川という川が流れており、いくつもの淵には「があたろ」と呼ばれる妖怪が住んでいると伝えられていました。半世紀も前には、日本各地のどこでも見られた村落の一つで、子どもだった水上もむかしばなしを聞いて育ちました。

〈親からきいた話だとか、あるいは、村の古老からきいた話の中には、民話は御伽噺的な内容で私たちの心に入った。しかし、いわば、ノンフィクションといってもよいような、村で起きた事どもについての話というものがあった。それは、たとえば、明治三十三年に若狭地方にコレラが蔓延し、六十三戸の戸数のうち三十戸にその病人が出て、三十三人が死んだとか、あるいは、どこそこの長男が、神戸へ働きにいってて、そこでチブスをもらって帰ってきて、村の者らにうつして、十二人が共同病舎で死んだとか、あるいはまた、明治四十三年に、天然痘がはびこって、十二人が死に長佐衛門の爺ィと忠右衛門の爺ィだけは生きのこったけれど、顔はいま見るようなあばたになった、というようなはなしである。内容はとにかく、村の出来事ではあっても、それらが、みな死人に関わっていたことも、いささか、偏向の感はあったと思うが、子供の頃にきいたこのような話さえも、私の心には、遠くすぎ去った事件だという認識はあっても、それらは、山の神や、赤目の爺ィや、きつねづかへいったトラゾウと同じ世界の住人であって、ノンフィクションのもつ社会性や現実感は、父母や祖母の期待したようなものとなって入らなかった。〉

ここで水上のいう〈父母や祖母の期待したようなもの〉こそが語り手のメッセージであり、それを伝える代弁者としての役割が村の死者たちに託されていたのではないでしょうか。

では、なぜそうならなかったのでしょうか。

〈私らというより、私にとっては、あばた顔の忠衛門の爺ィさまも、長左衛門の爺ィさまも、明治四十三年の天然痘騒ぎの犠牲者というよりは、その容貌からくる恐ろしい妖怪さにあった。…御伽話や民話の中に、現実は埋没されていったのである。〉

現存した登場人物の「妖怪さ」が、メッセージの代弁者の立場をはるかに凌駕してしまったというのです。親や村の古老から聞いたいわばノンフィクションといってもよいような、村で起きた事どもについての話が、その社会性や現実感を喪失して御伽噺的な内容として聞き手である子どもたちに伝わったという水上の回想は、このように結ばれています。

〈…在所の黄昏は、物悲しかった。すなわち私の生家のある谷の上から、六十三戸の家がみえる。それぞれの風格と個性をもった家々は、せまい敷地に、あぐらをかいたり、しゃがんだり、立ったりして勝手なたたずまいをみせてひしめきあっているが、そこに住む人々は、あえば「よいお天気やのう」と子供の私にさえ声をかけてくれる好人物でみな笑顔にみちあふれていたにしても、黄昏時だけは、柳田流にいえば雀色の風が吹いており、急にこれらの人々は、それぞれの家の中にとじこもった石となったり、木になったりして、不動の姿になって静止し、かわりに、名もわからぬ、顔もふたしかなところの、旅の人々が、そこここを動きはじめるのだった。があたろに喰われて死んだ長蔵の顔があったり、肺病で死んだはずの、観音堂よこの藤兵衛の久七さんや、母方の祖父で中風で寝たきりだった文左衛門爺ィであったりするのであった。…土にくるまって、若狭のあの谷で幼少時をおくった私に、仏の道を説いた大人は一人もいなかったが、したがって、死についてのことなども、この目で見た人びとの死だけがのこっていこそすれ、それが釈迦の説く生者必滅の姿であったと、説いてくれる者もなかった。したがって信仰は、いまも、子供の時のように、あり得べくもないのだけれど、田舎の民話をきいたり、したりしていると、私は田舎の土で眠っている人びとの中へ入りこんでいく自分を意識する。このことが奈辺(なへん)の力によってそうなるか私にはわからない。黄昏の色につれて歩く人の姿が「誰か彼か」わからぬようなこととそれはかさなるのかもしれぬ。〉

この一文は、村落という生きるための共同体の中で、事実や噂話が伝説や民話化していく過程と、その心理的なメカニズム、さらには語り手の代弁者としての役割について考えるヒントを与えてくれています。

村落伝承論

国文学者の三浦佑之(一九四六〜)氏の『村落伝承論』(五柳書院)は、柳田国男の『遠野物語』を初めとする古代や民間の伝承群のテキストを詳細に分析して、それらの成立と伝承がどのような過程を経るかについて論じた労作で、語りの伝承における代弁者としての語り手の役割を考える上で大変参考になる論考が随所にみられます。

〈説話〈伝承〉は、あくまでも言語表現として存在するし、それ以外では決してありえない。そこから村落や村人を読み取ることはできるけれども、そこに抽出された村や人は、どこまでいっても、〈表現〉としての村落であり、〈表現〉としての人々でしかないのである。…そのことをもっと突き詰めて言えば、現実なんて実はどこにもありはしないのだ、ということもできるかもしれない。私たちが現実であるかのように読み取っている村落や人々の出来ごとが、言語表現を介して与えられたものである限り、それは〈言語世界の現実〉以外の何物でもないからである。〉

序章に述べられたこの一節は、語りが騙り(かた)であり、語り手は騙り手であると同時に、騙りにも真実が含まれること、騙り手は真実の語り手でもあることを暗示しています。

では、語り手が誰の、あるいは何の代弁者であるかを三浦氏の論考を手がかりに考えてみることにしましょう。

子どもだったころ、神隠しにあって行方不明になった人の話を聞いて、怖れと不安に駆られながらも想像力をはばたかせて無意識のうちにスリルを楽しんだ経験をお持ちではありませんか。もう記憶の彼方に消えてしまったあの語り手はどんな意図で語り聞かせてくれたのでしょうか。

三浦氏の分析によると、『遠野物語』に採録されている七話の神隠しの話には、次にあげるような、ほぼ一定の説話的様式性があるといいます。

① 隠しに遭った女は、一度だけ村人の前に姿を見せて、それまでの恐ろしい生活を語る。
② 豪農や豪家など、おそらく神話的な、選ばれた家筋、神に血筋をもつ家の女たちが狙われる。
③ 出会った猟師は恐れのあまりすぐに鉄砲を撃とうとするか、話を聞いただけで逃げ帰る。
④ 女が語る境遇は、恐ろしい者の妻にされ、子をなすが、その子は夫に食い殺される。
⑤ 一度山に入り、恐ろしい者の妻になった女は、二度と元の里に帰ることはできない。

では、神隠しの話がもつ様式性は何を意味しているのでしょうか。

三浦氏は、〈…この種の山人譚で重要なことは、村落共同体から離れたものは、恐ろしい目にであい、きっと不幸になるという〈恐怖の共同性〉が象徴されていることである。村落共同体から〈出離〉することへの禁制〈タブー〉がこの種の山人譚の根にひそむ〈恐怖の共同性〉である〉とし、神隠しに遭った女に出会うのがきまって男である理由は、〈…男が山人に出会うのは、かれらが村落の側の存在だからであって、村や家を守るべき者たちだからである。守らねばならないから、向こう側へいった女たちの不幸や山人に出会った恐怖が男たちによって語られなくてはならないのである〉と述べています。

かつて村落にあって神隠しの話を語った語り手は、村落の外部にある恐怖と不幸を語ることによって村人の村落からの離脱を防ぎ、村人のこころに外部へのあこがれや好奇心が忍び込む芽を摘む役割を、無意識のうちに果たしていたのではないでしょうか。彼らをして語らせていたのは、もしかすると、自らの心の中に彷彿として沸き起こってくる村落の外部への想いと離脱への欲求を押さえ込もうとする共同無意識の切実な代弁だったのかもしれません。

人間的な欲望の代弁

一度聞いたら忘れられない話があります。津谷タズ子再話による『月の光でさらさっしゃい』（童心社）です。

この話には、松谷みよ子再話の『月の夜ざらし』（講談社）があり、昔話の再話としては、疑いようもなく松谷再話が正統的ですけれども、津谷再話には洗練された文学性が随所にみられ、「愛の不条理」「愛の無常」をテーマとして浮き上がらせて、この話を奥行きのあるものにすると同時に、幻想譚として格調の高い作品に仕上げています。私が聞いた語り手たちの会会員君川みち子氏の語りは、津谷再話の意図をよく読みこんで細部まで計算し尽くした語りで、月の光の下で進行する場面場面の視覚的なイメージがくっきりと喚起され、さながら舞台を眼前にする思いで聞き入りました。

私にとってこの話が忘れられないのは、昔話には珍しく多様な解釈を許容する終わり方と、愛を巡る心理劇ともいえるメッセージの内容の深さにあります。

①めんごがられて育った庄屋（松谷再話）の一人娘が婿を迎え、村中が羨む結婚式を挙げた。
②働き者で親切な婿が気に入り、仲睦まじく暮らしていたが、三か月を過ぎた頃から、どこがどうとはいえないけれども婿がいやになり、見るのも苦痛になってきた。
③ある日、ふと幼かったころ聞いた「誰にもいえない困った事が起こったら、沼のばさまに相談するといい。相談するには、よほど腹を据えないと、とんでもないことになる」という話を思い出す。
④思いあまって娘が沼にばさまを訪ねると、ばさまは娘を追い返そうとするが、頼み込む娘に相談事の内容を言い当て、婿の顔を見ないですむ秘策として「桶にいっぱい馬の小便を汲んできて道に撒いておけ」と娘に告げる。
⑤娘が言われたとおりにすると、無数の水色の蝶が飛来し、小便を吸い尽くすと林の中に消えた。ばさまは、蝶を追ってどこへ飛んで行くかを見届けてこいと言う。
⑥娘が蝶の行方を見届けて帰ってくると、ばさまは、そのくぬぎ林に蝶が生みつけた卵が繭になる今度の月夜の晩に繭を取り、次の月夜の晩に糸を紡ぎ、次の月夜の晩に機を織り、次の月夜の晩に織った布を月の光にさらし、次の月夜の晩にその布で婿の着物を縫い、次の月夜の晩に婿に着せなさい。そうすれば思いが叶うと教える。（松谷再話には、馬の小便と蝶の産卵と繭の部分がない）
⑦娘は月夜の晩を指折り数えて待ち、ばさまに言われたとおりに着物を縫って、婿に着せると、婿は、ふいと出て行き、待っても待ってもそれきり帰ってこなかった。

⑧　不安になった娘がばさまを訪ねると、「もう取り返しがつかない」との答。娘が泣いていると、「次の月夜の晩に村はずれのぶなの木の下で待っていれば、月がぶなの木の頂に昇るころ婿に会えるかもしれない」と教えてくれた。

⑨　指折り数えて待った月夜の晩、月がぶなの頂に昇ったそのとき、あの着物を着た婿が歩いてやって来た。

⑩　娘が駆け寄り、帰ってくるように頼むと、婿は通り過ぎざま、「この着物を着てしまったばっかりに、おらぁ、夜の神さまのお供して歩くようになってしまった。いつまでも、年取ることもねぐなった。おまえの所には、もう帰れぬ」と言って月の光の中に消えてしまった。（松谷再話では、「月の夜ざらし　知らで着て　今は夜神の供をする」とうたうようにつぶやいて姿を消す）

この話が村落共同体の中で語られたとき、語り手は誰を、何を代弁していたのでしょうか。

この話を、三浦氏の論考にそって読み解けば、村落共同体における夫婦のあり方、特に夫を裏切る妻への警告のメッセージを代弁する語りということになるのでしょう。表層的には、妻のやさしい言葉を疑うこともなく月の光に曝された着物を着た夫の思慮の足りなさ（妻を安易に信じること）への警告とも、一時的な感情（嫌悪感）に左右された妻（帰ってこない夫に再び会うことを望んでいることからも分かる）の軽率さを語っているようにも読むことができるのです。

また、この幻想的な話は、狭い村落共同体での夫婦関係に起こりがちな出来事をテーマにしたものであること、夫に愛を感じられなくなった妻の内面（嫌悪感）を、巡りくる月夜の晩の行為で象徴的かつリアルに表現していることにおいて、社会心理学的な奥行きを持っているともいえます。

つまり、語り手がこの話のどのメッセージを代弁するかによって伝わるものがまるで違ってくるといえますし、聞き手の内なる欲望がどのメッセージを求めているかによっても語り手の代弁者としての役割も違ってくるといえるのです。

では聞き手はこの話をどう聞くのでしょうか。

男性の語り手による「月の夜ざらし」を聞いて〈女の怖さが出ている話として面白く受け止めました〉と述べる曲田晴美（語り手たちの会会員）氏は、娘（嫁）の行動に女の性（さが）の怖さを感じ取りつつ、やや共感的に、しかし第三者的にこの話を受け止めたようです。

ここで留意すべきは、男性によって語られたという事実です。男性が女性の行動を語ることによって生じるジェンダー・バイアス（性差に基づくものの見方の歪み）のかかった隠されたメッセージ（価値観）を曲田氏は無意識のうちに、なかば防御的に、なかば受容的に受け止めているといえます。一連の娘（嫁）の行動を〈女の怖さ〉と感じ、〈面白い〉ととらえたところにそれが端的に表われています。

曲田氏が次にこの話を聞いたのは、それから五、六年後、津谷たづ子再話による君川みち子氏（語り手たちの会会員）の語りで、その「入魂の語り」に〈全身が金縛りにあったようになり、心だけが娘と一緒になって、話の中で月の光の下を駆けずり回って…ざわざわとブナの木の葉っぱが揺れて、お話が終わっても身体がお話の世界に浸かったまま口も利けずに帰路につきました〉というほどの衝撃だったと言います。

衝撃を受けた背景を、曲田氏は、〈その頃、私は子育てが一段落し、家族の暮らし方が変わりだした時期でした。子ども抜きで夫と向き合う時、夫は母親業を兼務の妻であるそれまでの私を期待しているようなのですが、私の方は職業に就きたくて、家庭を持ってはいるが一人の女性として後半の人生を生きたいと願っていたのに、うまく話し合いができないでいました。この話を聞いたことで、自分の結婚を改めて考えてしまった…〉と述べています。

曲田氏のいう「入魂の語り」とは、おそらく語り手の君川氏に憑依（ひょうい）した娘のなせるところだったのでしょう。話中の娘（嫁）の行動に曲田氏は自らの心情を重ね合わせて感情移入した結果、金縛り状態に陥ったと考えられます。

ここでは、娘（嫁）＝娘（嫁）の代弁者としての語り手＝聞き手、という等式が成り立っています。では、それを成り立たせているものは、何なのでしょうか。

君川氏は、この再話を語るに当たっての自らのスタンスについて〈津谷さんの再話を声に出してみたとき、お話の場面場面がすーっと目の前に立ち上がってきました。山形弁で語るこのリズムが必然に思えました。淡々と語っていますが、このお話の世界が持っている全てを私の全身全霊であますところなく伝えたい。婿、娘、風、月の光……何から何までを、感じるもの、息づくもの全てを伝えたい。そんな思いで語っています〉と私の質問に答えてくれました。

君川氏のこの語りに向き合うスタンスは、語り手が特定の登場人物を代弁する意図を持って語るのではなく、お話の持つ世界そのものを聞き手にまるごと差し出そうというもので、お話が内包している多様なメッセージに対して等距離の立場を取るものです。とすると、曲田氏に娘（嫁）への一体感をもたらしたのは、語り手を超えて話中の娘（嫁）が発している婿疎ましとのメッセージそのものへの共感だったということになります。

何を代弁しているかは聞き手が決める

一方、時間の推移とともに曲田氏の思いは複雑な経緯をたどります。数週間後、夫との話し合いを経て、〈私のように男と女の考え方のずれに気づいている大人に（向けて）、私の中に居座って形作られた私の「月の夜ざらし」を、私の言葉で語ってみたい〉と思うに到ります。そのとき感じた思いを振り返って、「娘（嫁）をここまで追い詰めたことに気づかず、のほほんと娘（嫁）の織った着物に袖を通した婿の鈍感さが許せない。男の人にそのことを伝えたかったのだと思います」と、この原稿を書くために問い合わせた私に語ってくれました。

さらに、曲田氏は、語る準備を進めて数か月後に、初めての海外旅行を経験して帰国すると、この話を語ることへの情熱を失ってしまいます。グループで旅行に参加した親しい仲間からなんとなく余所者として違和感を持って見られたことを通して、戦争中「疎開っ子」として余所者扱いされた記憶がよみがえり、〈「月の夜ざらし」の婿様は「余所者」でした。余所者を同化するか排除するかの鬩（せめ）ぎあいが、娘を通して語られているように思えて「日本らしい村社会の話」を、今更私がやってどうなるのか……と、すっかり語る気持ちが失せてしまった〉というのです。

そして、さらにその数か月後、曲田氏は、「月の夜ざらし」が自分の中でガラリと様相を変えているのに気づきます。この話に娘（嫁）と婿の双方へのメッセージが込められていると読み解いたのです。〈働き者で、村の共同体や年寄りの舅姑に可愛がられても、肝心の娘の心がつかめないのでは、男として一人前とは言えないではありませんか！ 娘が婿様である一人の男の存在に心底引きずり回されて月の光の下を駆けずり回っている時、男が何も気づかなかったとしたら……男の結末はこうなるよ、自分のパートナーの心をしっかり見なさいよ、というメッセージが込められた話なのだと思うようになりました。また娘は、時には月の光の中をたった一人で行動することも必要であり、それができてこそ自分で愛の選択ができる大人になれる…というメッセージが込められているのだと、私には思えてきたのです。〉

この読解から、〈娘と婿様が二人しっかりと結び付くまでには、呪い殺し、呪い殺されるほどの葛藤、心の波立ちをそれぞれが乗り越えなくてはならない〉という愛の試練のテーマを曲田氏は導き出したのです。

また、それだけではなく、もう一人の登場人物である沼のばさまについても、〈村外れに住み、孤立した存在でありながら村の一員であり、村人にも必要な存在の老婆。年をとるということは「沼のばあさま」を心の内に住まわせ、ほどほどに村人と共に生きることなのかもしれないと自分に重ねて思えてきました〉と言及すると同時に、〈「村」は、現代の都会に住む私たちの中にも存在すると感じました。

都市化されても、昔話の中の村と同じように、そこに生きる人の中に村意識がまだしっかり残っているから、余所者排除や同調圧力、孤立を語る昔話に人は引きつけられるのかなと感じました〉と、三浦佑之氏のいう〈恐怖の共同性〉の呪縛こそが、今もなお私たちの内部に生きていて、私たちをこの話に引き寄せているのではないかと、考察を進めています。

私たちは、曲田氏の読解によってこの話が隠し持つ二つのテーマにたどり着きました。一つは、若い愛（＝欠如）が直面する試練を通しての人間としての成熟のテーマ。もう一つは、村落の周辺部に住む老賢者（＝援助者）のテーマです。考えてみると、この二つは、共に「時間」に関連しています。

そこで、哲学者の今村仁司（一九四二〜二〇〇七）氏の「時間」についての論考（『マルクスにおける歴史的時間の概念』「現代思想」二〇〇四年四月号　青土社）を参照してみましょう。今村氏は、マルクスの歴史的時間の概念を、人間的存在は、時間的であり、それ以上に時間で「ある」とし、その人間が何かを為すことで「新しい」事物が生まれ、僅かながらも世界がその相貌を変える。その現実的な出来事の集積と、それを語り継ぐという行為の複合が歴史であると、まとめています。さらにその先を読んでみますと、〈行為し、語る存在である人間であるからこそ、人間は「時間である」といえるし、それを意識して言葉に表現するからこそ、人間は「現存在する概念である」といえるのである〉と述べています。

このマルクスの概念を借りると、娘と婿は、これから歴史的時間を生きる途上体、沼のばさまは、すでに歴史を生きた記憶の集積体となり、村落共同体における語りは、時間差を埋めるための、二つのグループ間の記憶＝生きる知恵の伝承ということになります。

村落の周辺部に沼のばさまのような存在を温存することと、語るという伝承行為は、生き残るために共同体がとってきた無意識の戦略であり、伝承されてきた話は、その集団無意識を代弁するものだったのです。

数多くある昔話の中で、「月の光でさらさっしゃい」が私の記憶に鮮明に残った理由は、再話と語りのレベルの高さもさることながら、この話が内に隠しているメッセージの豊かさと深さにあるのです。お話の持つメッセージの豊かさと深さに惹かれて優れた再話が生まれ、優れた再話から入魂の語りが生まれ、聞き手の心を捉えたのです。そして、いつの場合も、それらのメッセージが問いかけているのは、私たちが自らの人生をどのように生きているかということではないでしょうか。

再度、語り手と聞き手の相互作用について

〈もともと、ことばは呪術であったのであり、今日にいたってもその力は衰えていない。人をこの上なく幸せにすることも、あるいは絶望に陥れることもできる…。ことばはこころをかきたてる。そして人が互いに影響を与えるためのものである。〉

精神分析で有名なジグムント・フロイトの『精神分析入門』の一節ですが、「月の夜ざらし」をどう読み解くかを巡ってこれまで論じてきたことをぴたりと言い得ている内容ではありませんか。フロイトのいう〈ことばはこころをかきたてる。そして人が互いに影響を与えるためのものである〉という点について、もう少し考えを深めてみることにしましょう。

〈読むことと書く事に関して問題の一つとなるのは、著者の思っていることを差し置いて、使った言葉の意味が一人歩きしてしまうことだ。それどころか、書き手は書いている最中に言葉の意味を発見するのだ。各々の単語は、私の意図より、多くも少なくも語るのである。受け手が受け取る意味は送り手の意図した意味と必ずしも一致しない。ゆえに意味は確実に伝わるわけではない〉

これは、ことばが人の心のあり方にどのような影響を与えるかについて、ストーリーセラピストの立場から論じたアメリカの心理臨床学者スティーブ・ド・シェイザー（一九四〇～）の『解決志向の言語学—言葉はもともと魔法だった』（長谷川啓三訳　法政大学出版局）の一節です。

語りの場合は、ほとんどが既存のテキストを語るわけですが、ここでまず語り手がテキストの一語一語の単語をどう解釈するか、それらを積み重ねてテキストのメッセージをどう解釈するかのプロセスで、テキストの意味内容と異なって受け取ることが起こり得ます。次に、語り手によって語られた話を聞いた聞き手が、その単語を語り手の意図通りに受け取るとは限らないし、語り手が解釈したテキストのメッセージをそのとおりに受け取るとも限りません。むしろ聞き手がそれぞれ勝手に受け取り、解釈していると考えた方が正しいでしょう。

けれども、そうであったとしても、フロイトのいう〈こころをかきたてる〉ことによって〈互いに影響を与える〉ことは起こり得ます。つまり、テキスト→語り手→聞き手の三つのプロセスでの齟齬（そご）（食い違い）を最小限にとどめるコミュニケーションに成功した語りも存在するのです。そうした語りこそ優れた語りであり、優れた語り手の技といえるのです。また、テキスト→聞き手の関係で語り手の解釈・意図を抜きにして、テキストのメッセージにダイレクトに聞き手が反応する場合もあります。これには、語り手が意識的にニュートラル（無色透明）ともいうべき語りをした場合と、聞き手が語り手の解釈・意図を無視ないしは拒否して自らの感性に依拠する場合とがあります。

シェイザーは、〈一般的にどんな発話も話し手のみに帰属させることはできない。というのは、発話は相互作用の産物……、広義には、それが発せられた複雑な社会状況全体の産物だからである〉というロシアの文学評論家ミハイル・バフチン（一八九五〜一九七五）を引用して、〈伝えられたりお互いに引き渡されたりするような既成の意味は存在しない。むしろ意味とは、相互作用のプロセスの中から創り出されるものなのである〉と述べています。

とすれば、語り手から聞き手へと伝えられるテキストのメッセージの意味内容も、語りの場で相互が与え合う影響によって新しく創り出されるといえるのではないでしょうか。「月の夜ざらし」から多様なメッセージの意味を曲田氏が受け取ったのも君川氏の入魂の語りとの相互作用によるものといえるでしょう。また、曲田氏が多様な読解をするに到った背景には、夫との緊張関係、緊張関係の緩和、海外旅行での疎外感といった、曲田氏の人間関係の変化とそれにともなう精神的なゆとりの獲得（成長）があったのではないでしょうか。そのことは、バフチンのいう〈社会的状況全体の産物〉に相当します。

つまるところ、私たちが語りのテキストから受け取るメッセージは、私たちが秘めている内面の正確な反映であり、内面の器以上にメッセージを受け取ることはできないのです。ということは、内面の器を大きくすることでより多くのメッセージを受け取ることができることを意味します。語り手聞き手としてのキャパシティ（受容能力）を大きくするには、人間的な成長が必要です。

最新の医学的研究によれば、脳細胞はコミュニケーションを通して刺激を与え続けることによってかなり高齢まで正常な機能を維持することが可能だといいます。また、自分の成育史や幼かった頃親しんだ歌やお話に触れることによって、薄れ始めていた記憶がよみがえって精神活動の活性化をもたらすという研究もあります。私たちが取り組んでいる「語り」という営みは、「生きること」と直接的につながる重要で奥深いものであることをいまさらのように感じないではいられません。

2　語ることで人間は人間になった

万葉人が生み出した記憶と再生のシステム

物語はどのようにして生まれ、語り手によってどのように語られるのでしょうか。日本固有の文芸として古い歴史を持つ和歌を、コミュニケーション・ツールとしてとらえた、高橋秀元（一九四五〜）編集工学研究所主任研究員の興味深い論考を『情報文化の学校』（松岡正剛監修　NTT出版）に所収の「和歌というソフトウェア」から紹介します。

〈和歌の前にウタ（歌）があり、ウタは人類の文化発生とともに律動しはじめていたのでした。英語の「シング」や「ソング」はほかのヨーロッパ語と同根語で、草木のざわめきや湯が沸騰するシューシューという規則的な音などを含むことから、広義には一定のリズムやメロディーをもつ音の世界をさします。ウタは手足の動きや表情の分節をともない、そこに音節やリズムがあたえられたという視点も重要です。石器時代の遺跡から、たびたび男女・子どもらが一定の規則で足を運んで踊った跡が発見されますが、そこには早くもウタが発生していました。ウタは人びとの身体に一定の規則を与え、共通の行動や発想をつくりだす役割をはたしています。日本の定型詩が五と七の音節で基本とするのは呼吸の長きにわたる分節の定着に関係しているらしい。沖縄の歌謡が六と八の音節で定型的なリズムを打つことから、日本語とその親縁語では南にいくほど音節の音数が多くなるという考察もあります。

ウタは身ぶりや手ぶり、唇や舌の動きなどを同調させることで、浮かんでは消える淡い記憶をとどめるための一種の記憶術でもあったのです。これは世界の詩歌に共通し、ギリシアの神話的物理世界をめぐるホメロスの『オデッセイア』や中国の宇宙創世神話を謎とき風に歌う屈原の『楚辞』をあげるまでもなく、神話的宇宙の記憶の多くが一定の定型的なウタの連続であることをみても、その性質の一面がよくわかります。ホメロスや屈原のシラブルはオペラや謡曲の中に引用され歌いこまれて伝播していきます。ウタは時代を超えて波及しつづけてきました。それは意識と身体の律動に世界の記憶を刻みこんだレコードだということもできるのです。〉

では、和歌はこのようなウタの機能とどのような関わりを持っているのでしょうか。

〈日本人は彼方からやってきて、変化を起こす「モノ」（霊）や「タマ」（魂）があると考え、それらを「カミ」（神）と呼んできました。したがって日本のウタは神々の訪れを感知し、その変化に気持ちや身体を合わせ、記憶にとどめていくという神聖な呪詞の色彩をおびていたのです。

このように考えてくると、和歌は人間界を含む自然界のさまざまな動向をとらえ、それに合わせてつづられる心象を言葉に織りなしているということになります。その様式はカミとのコミュニケーションの媒体としての性格を反映していました。『万葉集』には、神と人とのコミュニケーションの様式を、人と人とのコミュニケーションの様式に援用してきた形跡が随所に刻まれているのです。和歌には神々の動向を反映して自然や人事を動かす「言霊」が宿るとされました。これが和歌のさまざまな特長を作りだしているのです。〉

高橋氏は、『万葉集』に五七音の多様な組み合わせの短歌形式が多いのは、五七五の上句に七七の下句が呼応し、世界と自己が、呼べば答える関係を成り立たせやすいからであるとして、次のように論じています。

〈贈答歌や相聞歌は典型的で、神々と人間の関係を親密な相手や恋人との関係に見立てて、おたがいにかわしあっている。そのような神恋歌が恋人どうしの贈答歌に転じた古拙な例を『万葉集』（巻十二）からあげてみましょう。

ひさかたの雨の降る日をわが門に
　　蓑笠着ずて来る人や誰
巻向の穴師の山に雲居つつ
　　雨も降れどもぬれつつぞ来し

雨の日に訪ねてきた夫に妻が問いかけ、夫が答えています。古代の結婚は妻問婚で、妻を訪れるとき門口で和歌の贈答をしたのです。注目すべきは妻の歌の「来る人や誰」という句の「人」を「神」といれかえると、神迎えの歌になることです。これは奈良盆地の東山麓の里に山から神を迎える神事で歌われ、当時は誰もが知っていた神恋歌を転用した可能性が高い。

（中略）

妻が夫を訪れ神に見立てて問いかけたので、夫は雲雷が生まれる風穴伝説がある穴師山に降りたつ神を迎える歌を即興的に引用し、「雨にぬれてきたよ」と返したのでした。〉

このように、高橋氏は、和歌をソフトウェアに位置づけ、大胆な感性情報システムとして独自性の高い情報世界を構築してデータベース化された和歌が、文芸にとどまらず、芸能、絵画、デザイン、建築、家具、庭園等の幅広い文化の領域の大きな情報源として機能したと述べています。

「古典に帰れ」という言葉がありますが、感性に関わるあらゆる領域で、古典は良きデータベースとして後世のルネサンスに役立ってきました。

語りの領域でも、神話、伝説、民話などの過去の遺産を抜きにしての現在はありえないのです。創作と銘打った物語にも過去は姿を変えて息づいています。

立ち現れる神

神を顕現する巫女の存在は、世界中のどこの民族にもみられます。もちろんわが国も例外ではありません。『女の力—古代の女性と仏教』等の著書を持つ西口順子（一九三六〜）氏は、論考「巫女の炊事と機織り」（『日本歴史と芸能』第一巻『立ち現れる神』平凡社所載）の中でこう述べています。

〈巫女の歴史をひもとくとき、まず登場するのは邪馬台国女王ヒミコ（卑弥呼）であり、神話の世界ではアマテラス、ヤマトヒメ、ジングウコウゴウ（神功皇后）、タマヨリヒメ（玉依姫）たちである。……かの女たちはその属する共同体を統治する兄弟や甥のために、霊力をもって神をよび、神のことばを伝え、将来を予言し、方向を示すなど、社会におおきな影響力をもっていたという。……神話の世界の巫女は、神のオバ・妻や娘たち、神の子孫たる天皇・豪族のオバ・妻や娘たちであり、その社会的地位とからみあってきた。神話の世界の巫女がかがやかしい歴史をもっていたのは、かの女たちが族長のオバ・妻・娘として族長とともに社会をうごかすのに加担してきたからであって、そのことが神につかえる巫女の地位と結び合っていたにすぎない。〉

神話の世界の巫女、神功皇后は、仲哀天皇の皇后で応神天皇の母で、古代のシャーマン的女王とされています。『日本説話小事典』（野村純一他編　大修館書店）を引用してみます。

〈記紀によると筑紫之訶志比宮（つくしのかしのみや）で仲哀は神功皇后の神懸り「西方に宝のある国ある」との神託を受けた。仲哀はこの神託を信じないために急死した。皇后は、神懸りし「胎中の子に宝のある国を授ける」と住吉神社の神託を受けた。懐妊したまま新羅（しらぎ）に攻め入り、戦わずに新羅王にわが国に朝貢する事を誓わせた。皇后は、征討直前に橿日浦（かしいのなだ）で、「自ら征西せんと欲す。これをもって今頭に海水にすすぎ、もし験あらば髪自ずから分かれて二つとならん」と神に誓うと髪は自ら二つに分かれ、群臣に征西の意を示したという。このように巫女の特質が強く現れており、朝鮮半島との国際関係

の起源神話の中心人物となっている。〉

政（まつりごと）に対する巫女の影響力の強さと人心を掌握するシャーマンとしての妖しいカリスマ性が伝わってくるではありませんか。

戦いに先立つ神託の例として、私たちはジャンヌ・ダルクを知っています。平凡な一少女が神託を告げる者として神に選ばれたのか、信仰厚い少女の魂がわが身に神託を引き寄せたのか、多感な少女の思い込みと自己顕示欲がそうさせたのか、中世カトリックによる異端審問者のいう悪魔のなせる技なのか、いまなお論争が尽きません。

神の真意はどこから現れるのか

では、神の意図するところとされる神託はどこから語り手のところにやってくるのでしょうか。

宗教哲学者の鎌田東二（一九五一〜）氏は、『神界のフィールドワーク―霊学と民俗学の生成』（青弓社）で、ギリシャのデルフォイ神殿を訪ねた時の自身の体験として実に興味深いことを書いています。

〈その夜、ある印象深い夢を見た。アポロンの神が夢の中に現れたのである。光があとからあとから沸いてくる。渦のように吸引力のある深い光の世界。それは、思わず吸い込まれそうになるくらい強い吸引力の光であった。そして、次のような言葉を語った。「物事を醜く見るのではなく、美しく見るのでもなく、ただありのままに見つめよ」と。そして近未来の予言めいた言葉を残して、夢は終った。この夢は、私にめくるめくような強烈な印象を残した。弓矢や竪琴を手にしたアポロン神が太陽神と考えられていたこと、デルフォイが古代のシャーマニズム的な託宣の地であること、物事をありのままに見ることを説く教えは、多くの宗教の教義として語られていること。そうしたことは私もよく知っていた。けれども、そうした知識が、「知識」であることを超えて、ふかぶかと私自身の深部に刻印づけられたことを強く感じたのだ。その夢は、たしかに私の「魂」に届いたと思われた。このとき以来、有名な「汝自身を知れ！」というデルフォイの教えと「物事を醜く見るのではなく、美しく見るのでもなく、ただありのままに見つめよ」という言葉は、私自身の生の指針になっている。〉

この時鎌田氏が見た夢は、ある種の神託だったのではないでしょうか。似たような経験は、おそらく誰にもあるのではないかと思われます。私の場合、詩や文章を書いている時にどこからともなくやってくるひらめきがそれに近いものです。さっきまでは思ってもいなかった言葉やアイデアが浮かぶ。生理学的には脳のシナプスの電気的なショートによる現象だとしても、なぜそれがその言葉やアイデアなのか。たしかにひらめきがやってくるまでの間にいろいろなことを考えていました。そうした下地があったからこそひらめいたとも考えられます。

鎌田氏の夢にしても、デルフォイの村に三日間滞在し、付近を歩いたり、資料をひもといたり、パルナッソスの山頂近くでギリシャの太陽の光を浴びたりというレディネス（準備）があったから見ることができたのだとも考えられます。とすると、神託もまた巫女があらかじめ準備していたり期待していた内容が神の言葉として立ち現れたのでしょうか？

憑依（ひょうい）するということ

巫女の言動を、神懸りとか憑依したと表わすことがあります。この憑くという言い方は、日常的には「あの人ついてるわね」といったように使われますが、民俗学者の石塚尊俊（一九一八〜）氏の『日本の憑きもの』（未来社）の定義によれば、「憑きもの」とは次のようなものになります。

〈人に憑くと信じられているものには、いろいろな種類がある。大きく分ければ、神霊・人間霊（生霊・死霊）・動物霊・植物霊ということになるが、そのうちもっとも問題の多いのは動物霊・生霊であろう。反対に神霊や祖霊の場合となると、それに付随する問題がやはりないではないが、少なくともそれに対する嫌悪感というようなものは、前者に比較するならば、はるかに少ない。それどころか、時にはそうなることを積極的に希望し、霊妙な神霊の託宣を聴いて村の年中の行事を設定するとか、あるいは、血のつながった祖先の心を聴こうとして、巷間の巫女に霊寄(たまよ)せをたのむとかいうようなことが、今でもまだまれならず残っている。〉

文化人類学と民俗学を専攻する小松和彦（一九四七〜）氏は、従来の民俗学の「憑きもの」の定義の曖昧さや狭さを批判し、『憑霊信仰論』（講談社）で、「憑く」という語の本来の意味は、事物としてのものにもともと内在する精霊や、異界の神霊などが、別の事物としてのものに乗り移ることを意味していたという論を展開しています。

『憑霊信仰論』を手に取ると、まず、裏表紙カバーの次のような語句が目に入ります。

〈「憑く」という語の本来の意味は、事物としてのものにもともと内在する精霊や、異界の神霊などが、別の事物としてのものに乗り移ることを意味していた。本書は、こうした憑依現象を手懸りにして、狐憑き、犬神憑き、山姥、式神(しきがみ)、護法(ごほう)、付喪神(つくもがみ)など、人間のもつ邪悪な精神領域へと踏み込み、憑依という宗教現象の概念と行為の体系を介して、日本人の闇の歴史の中にうごめく情念の世界を明らかにした好著〉

とすれば、昔話の世界とも密接な関わりがあることになります。本論をひもといてみましょう。

まず、小松氏は、「憑きもの」信仰を考察する場合、「つき」と「もの」の二つに区別する必要があるとします。即ち、「つき」とは、何ごとかが生起している状態の表現であり、「もの」とは、その状態を発現せしめる原因となっている存在を意味します。しかも、「もの」には二通りの意味、即ち、物質的、可視的存在と、非物質的、不可視的存在があり、後者の場合、霊魂とか精霊といった人格化や形象化が認められている存在と、エネルギーのような人格性を持たない、人類学でいう呪力（マナmana）のような存在の二通りに分けられるとします。

「あの人はものにつかれたように、がむしゃらに働いている」とか、「トランプゲームで今日は異常につきまくった」といった会話を例にとると、ここで使われている「つき」とか「もの」とかの語は、会話をしている人にとって、その状況が非日常的で説明不能な状態の場合であることを意味します。

〈…よく考えてみると、「つき」という用語を異常な事態に当てはめただけであって、実際には何も説明されていないのに気づく。「つき」が落ちるとか回るとか、「もの」につかれるとかが、いったい何のことだか依然として不明であり、いっこうに異常な勝ちの（トランプゲームの）原因を明らかにしてはいないのだ。それにもかかわらず、私たちは、「つき」という語を引っぱり出すことで、つまり、異常な、理解不可能な事態に「つき」という言葉を充当することで、あたかも異常事態が説明されたかの錯覚を抱いているのである。〉

たしかに、トランプゲームでついていても、私たちは何がなぜついたのか、その原因を正確に知ることはできません。何かがなんとなくついていたとしか言いようがないのです。

では、その「つき」をもたらした「もの」とはどのようなものなのでしょうか。

〈…その実体はほとんど不明であり、裏を返せば、「もの」という概念は、明確な対象を指示しえない、実体を欠いた、つまり〔意味されたもの〕をもたない、カラッポの言葉なのである。〉

そうだとすると、人はなぜカラッポの言葉を使おうとするのでしょうか。カラッポな言葉を使って一件落着させようとするのはなぜなのでしょうか。そのわけを、小松氏は、こう考えます。

〈…日常的思考では把握しきれない、それを乗り越えた形で現出する事象は、今まで日常的思考によって支えられていた意味体系の世界、理路整然として説明されていた世界を破壊し、その意味体系の無効を宣言する。この突き崩された日常世界を修復するために、実際には明確な支持物を伴わない、空虚な言葉である「もの」とか「つき」といった言葉を、異常な事象にあてがい、本質的にはどうであれ、形式的、表面的な意味体系の回復を図るのである。〉

私たちは、私たちにとってわからないものを、わからないままにしておくと精神的に落ち着かなくなるため、とりあえず何とか説明をつけて納得しようという習性を持っています。その習性にそって私たちの先祖が考え出したのが、「つき」であり「もの」であったというわけです。

とりあえずの説明とはいえ、異常事態の原因を、呪術師や祈祷師や巫女に、狐霊のせいであるとか、犬神のせいであるとか、怨霊や死霊や神霊のせいであるといわれれば、普通の人はそう納得し、信じざるを得なかったし、また、そうすることを望んでもいたのです。

中世の殿上人（てんじょうびと）と鞠（まり）の精

ではここで、さまざまな霊の存在が違和感なく日常世界と共存していた中世の人々の心性を、宗教学者の中沢新一（一九五〇～）氏の『精霊の王』（講談社）を手がかりにして覗いてみることにしましょう。

白河上皇の家臣の一人、侍従藤原成通（なりみち）卿は、蹴鞠の道に優れ、「鞠聖（まりひじり）」と呼ばれる達人で、蹴鞠の庭で七千日以上も蹴鞠に興じたといいます。その『成通卿口伝日記』の中に記されている鞠の精との出会いの様子を、中沢氏はこう紹介しています。

〈千日の間休むことなく蹴鞠を続けた「千日行」満願の日に、成通は当時の蹴鞠の名手とうたわれていた人々を招いて、盛大に蹴鞠の祭式を催した。蹴り上げた鞠の数は三百、どの鞠も地上に落下することがないというほどの、名人芸が繰り広げられた。…その夜、ようやくくつろぎをとりもどした成通が、灯火を近づけて文机に向かって日記をつけようと、墨を摺っていたやさきのことだ。棚に置いてあった鞠が、ころころと転び落ちて、成通の前でふっと止まった。ゾクッとするものを感じた成通は鞠に目をこらした。するとそこには、いずれも顔は人間であるが、手足と身体は猿という、三、四歳ばかりの童子が三人、鞠の括り目のところを抱いて立っているではないか〉

三人は、それぞれの額に「春楊花」「夏安林」「秋園」という名を金文字で書いた鞠の精でした。三人と成通とはこんな会話を交わしました。

〈「…人々が蹴鞠を愛好している時代には、国も栄え、よい人が政治を司り、幸福がもたらされ、寿命も長く、また病気もしないと言われております。また蹴鞠は、後世にもよい影響を与えると申されます」「蹴鞠が現世によい影響をもたらすとは、そのとおりであろう。しかしどうして死後のことにまで影響を与えることができるのかね」と成通卿。すると別の鞠の精がまじめな顔をして答える。「そのようにお考えになるのももっともです。人の心はたえず思い乱れ、一日のうちに心に浮かぶ思いのほとんどが、罪の種子となっています。しかし、鞠を好む人は、いったん庭に立ちますと、それからあとはただ鞠のことの他には何も余計なことを思わなくなります。そうなれば自然と心の罪はなくなっていき、輪廻転生にもよい影響をもたらす縁が生まれることになるのです。蹴鞠をすれば功徳を積むことになるのですから、ますますこの道にお励みなさいますよう」〉

この夜の体験に深い衝撃を受けた成通卿は、「まりの明神」の社を建立して、〈種々の神事など行はれける〉と、『亨徳二年晴之御鞠記』にあります。

中沢氏は、〈新石器文化にさかんだった神話的思考は、現実の世界に所属しない「中間的な空間」というものを感じとろうとしたものだった。この空間には精霊が棲む。散楽のおこなわれている間、遊びの庭には、変幻自在に変容し、動いていく精霊が出現していることを、人々ははっきりと感じとることができたのである〉とし、この三人は、昔から多くの人たちが、芸能・技芸にたずさわるものたちの守護神とした「守宮神」であり、この「守宮神」とは、〈猿楽や田楽の芸人ばかりではなく、造園の技術者である作庭家や大工にはじまって、もろもろの細工師、金属の技術者、染織家などの技を見守る重要な神または精霊〉であって、〈昔ハ諸道ニカク守宮神タチソヒケレバ〉と『続古事談』にあるように、芸能に守宮神が立ち添うという密接な関係を持つ身近な神だったといいます。

この例からも想像できるように、人の持つ特別な才能は、精霊に守られていてこそ現れると中世の人々は考えていました。中沢氏は、〈成通卿のような信仰心の篤い芸能の天才の前には、ときおりこのように守宮神（宿神）のあらわれることがあった。しかしそれがはっきりと目に見える姿をとって出現するなどというのは、稀有の出来事であった。もっと普通には、芸能の達人たちはこの神＝精霊の存在を、超感覚的ないしは直感的にとらえていたように思える〉とし、〈守宮神には大きな神社もなければ、国家による認定もない。家の中の小さな祠に祀られて、その由来も神話も定かではない。世間からは得体の知れない精霊の扱いを受けていた守宮神であるが、この神こそが芸能者・職人にとっては、宇宙の王にも等しい存在だったのだ〉としています。また、この精霊が憑いたために並みの人以上の能力を得て、少なからず利益を得ていると思われる例でもあります。

人に善悪を為す「憑依」

民話の世界でおなじみの「座敷童子」を、小松氏は、「憑きもの」的視点から次のように整理しています。（小松和彦、前出）

〈（1）富貴自在。（2）不可視性。（3）人に姿をたまたま見せるときは童子形。（4）特定の家屋敷、倉に住みついている。（5）一時的な富の獲得と関係して語られ、長期的、永続的な富みや家柄と結びついていない。（6）一人または一対あるいはそれ以上と示現（じげん）の仕方はいろいろあるが、一人か二人が多い。（7）神出鬼没・迅速である。（8）小豆や小豆飯を好む。（9）憑依するか否かはさだかでないが、姿の有無にかかわらず、座敷に寝る者を安眠させず、枕返しをし、床の中に入り、押し付け、押し出すなどは、およそこの地方（遠野近隣）で座敷童子の特性のようにいわれ、寝ているときに、このような感覚を受ける場合は、他の地方では「もの」につかれるときに語られる。（10）残酷な性格も一面うかがわれる。（11）夜に出現・活動することが多い〉

このような「座敷童子」の属性は、動物霊の「憑きもの」とほとんど重なり合っているが、大きな違いは、座敷童子が自らの意思でその家に憑いたり去ったりするのに対して、動物霊はその家から求められて憑く場合が多い点と、座敷童子には「悪」のイメージがないのに対して、動物霊には「悪」のイメージが付きまとっている点である、と指摘しています。

また、「憑きもの」によって人に為される「悪」は、超自然的な力によって引き起こされた病気や災厄である「障り」と、生きた人間の邪悪な気持ちに起因する「呪詛」があり、「障り」には、神霊や祖霊の神秘的制裁である「お叱り」による病気災厄と、他人の「呪詛」による病気と災厄があるとされます。「源氏物語」に代表される中世の物語世界や歴史書の中に、恋敵や政敵を「呪詛」（因縁調伏）したり、他人によってもたらされた「障り」や「呪詛」を祈祷師の力で払い落とそうとしたりする記述を私たちは容易に見出すことができます。

民俗学者の谷川健一（一九二一〜二〇一三）は、日本人の情念について考察した『魔の系譜』（講談社）の中で、〈生前の敗者が死後の魔となるのは、政治支配をめぐる権力闘争においてもっとも顕著な現象である〉として、長岡京の例を引いています。

〈たとえば、桓武帝は、いったん長岡京の造営に着手したが、彼の寵臣であった藤原種継が暗殺されると、桓武帝の弟で皇太子でもある早良親王にも累がおよんだ。親王は、寺の一室に幽閉され、そこで飲食物を一切とらずに餓死した。ところが早良親王の死を契機として桓武帝の周囲には死者があいついで起った。新しく立てた皇太子も心身の異常をきたす。調停の陰陽師は、早良親王の怨霊がとりついていると断定を下す。桓武帝は亡霊に陳謝の意を表する。しかしそれは宮中の外に洩れ、世間の人々の噂となってささやかれた。桓武帝は怨霊にたたられた長岡京を見捨てて、ふたたび平安京に遷都する。莫大な経費と人力を投じた長岡京も、怨霊の魔力のまえにはひとたまりもなかったのである。〉

このように、「呪詛」や怨霊の怒りを鎮めるには、祈祷師や陰陽師の力に頼るしかなかったのです。

百鬼夜行の行く先

室町時代中期に土佐光信が描いたと伝えられる『百鬼夜行絵巻』に、お寺で使われる仏具が妖怪になって行列を組んで歩いている絵があります。お経の巻物、高位のお坊さんの頭上にかざす天蓋（てんがい）、鐘、俗にジャランボンとよばれるシンバルなどが妖怪の姿で描かれています。現代的な眼で見るとマンガ的で、恐ろしいというよりはコミカルに感じますが、当時の人々にとっては、「器物百年を経て、化して精霊を得てより人の心を誑（たぶら）かす。これを付喪神（つくもがみ）と号すといへり」と絵詞（えことば）にあるように、おどろおどろしい怪異として大まじめに受け取られていたと考えられます。

「百鬼夜行」のそもそもの始まりは、暉峻康隆（一九〇八〜二〇〇一）氏の『幽霊　冥土・いん・じゃぱん』（岩波書店）によれば、

〈平安中期の康保（こうほう）のころ、洛中洛外の家々から煤払いで路ばたに捨てられた不用の古道具類が旧主の人間を恨み、妖怪になって仇を報じようと相談し、造化神に従ってさまざまな妖怪となって、人間をいじめはじめた。ある日、行列を作って一条通りを東へ進んでいると、参内の途中の関白殿下の車に出合った。お供の者どもが驚いて昏倒する中に、関白は動ぜず妖怪どもを睨みつけると、尊勝陀羅尼（そんしょうだらに）を収めた懐の守袋が火炎を発し、妖怪どもを追い払ったという。（『大鏡』巻の三）〉

ここでいう関白とは九条殿を指し、妖怪と出逢ったのは大宮通南の四辻であったとされます。

正月の子の日、二月の午の日、三月の巳の日、四月の戌の日、五月の未の日、六月の辰の日は、陰陽師により百鬼夜行日とされ、夜外出して妖怪に出遭ったら密教の経文を唱えると災いを免れることができると信じられていました。こうした説話は『今昔物語』『江談抄（こうだんしょう）』（ともに平安後期）、『宝物集』（鎌倉初期）などにみられますが、尊勝陀羅尼経の功徳を説くための舞台装置として百鬼夜行の恐ろしさが比叡山と高野山の密教僧によって喧伝されたとみられています。

〈ところで菜種油が普及して、町屋では行燈を使用し、町には辻行燈がともるようになったのは江戸時代からで、平安・中世の巷の夜は、月夜のほかは深い闇に沈んでいた。その暗黒の夜への恐怖が生み出した妄想が百鬼夜行であったことは、『大鏡』が語るに落ちて、百鬼夜行の行列を見て尊勝陀羅尼を誦したのは九条殿だけで、お供の者どもは何事が起こったのか、とんと合点が参らなんだというとぼけた記述が証明している。およそ幽霊でも妖怪でも、心にわだかまりのある当人だけ見えて、傍のその他大勢には見えないというのが古来の常識だが、その妄想に便乗して尊勝陀羅尼の功徳を宣伝したのが当時全盛の密教（比叡山と高野山）の僧侶たちだったのである。〉（前出書）

怪奇・怨念の系譜

陰陽師が活躍した背景については前項で述べましたが、古来、わが国の政りごとや文化に大きな影響をもたらした中国の歴史をふりかえってみますと、儒教思想一辺倒だった前漢と後漢が滅んで、三国時代、魏、晋、六朝時代と王朝の交代が激しい不安定期に入ると、価値観の多様化が進むとともに老荘思想が流行し、ついで仏教が急激に勢力を強めました。

六朝時代後半には、仏教の教えとして因果応報、転生輪廻（てんしょうりんね）が説かれるようになり、教えを効果的に伝えるために、恐ろしい幽鬼や怨念を形にした幽霊が登場するようになります。わが国でも平安・鎌倉中期に仏教の五戒である殺生・盗み・邪淫・虚言・飲酒への警告として、「地獄草紙」や「餓鬼草紙」が盛んに描かれました。

中世の僧侶による説法や琵琶法師が語り歩いた「平家物語」や江戸時代の講釈師が辻講釈で語った「太平記」など、怨霊や物の怪が登場する物語と語りとは不即不離の関係にありました。時代の担い手が貴族から武家へ、武家から庶民へと交代する中で、物語の作り手と語り手にも庶民が登場し、それらの発表の場であるメディアにも変化が訪れます。徳川幕政の下での安逸な平和と、商人たちによる富の蓄積が、人口百万の都市江戸を舞台にして爛熟した文化を生み出したのです。

俳人の小林一茶は、文化七年に書いた『七番日記』の中で当時の世相を〈世の中は　地獄の上の　花見かな〉と詠み、人間存在を〈山桜　人をば鬼と思うべし〉と喝破していますが、文化・文政期の歌舞伎、読本、草双紙に書かれ、描かれている蠱惑的かつグロテスクな伝奇や怪異の世界の美意識が、〈地獄〉〈花見〉〈山桜〉〈鬼〉というキーワードで見事に捉えられています。

家康が治世に儒教を取り入れたため、教えを説く四書五経などの書とともに中国の怪異小説も渡来しました。室町末期、十六世紀はじめに刊行された中国明代の怪異談二十話を収めた『剪燈新話』もその一冊で、訳出した漢学の書生が〈奇異なる物語を集めたる書なり。剪燈とはろうそくの芯を切るなり。夜更くるまで語るということろなり〉と解説しています。『牡丹燈記』はその時訳されて紹介された一編で、後に上田秋成の『雨月物語』の「吉備津の釜」の後半のストーリーの原作として使われています。

妖かし好きの江戸文芸

ろうそくの芯を切るといえば、怖い話を一つ語り終えるたびに灯りを消していく百物語が思い浮かびますが、この百物語という言葉が初めて使われたのは、万治二年（一六五九）に京都の松長伊右衛門が刊行した『百物語』だといわれています。序文に、百物語と名づけたのは、ある夜の徒然なるままに、こざかしい童たちがより集まってこわい話を語り合って遊んだのを編纂したとあり、そのこわい話というのも、〈かの奴が着たりし衣装の色々を見給わずや。牛首布のかたびら、糊ごわの渋かたびら、みなみなこはきものなり〉のように、衣装につけた糊がこわい（固い）と怖いを掛けた滑稽なおどけ噺集でした。それが寛文六年（一六六六）に出た『御伽婢子（おとぎぼうこ）』では、〈百物語に法式あり。月暗き夜行灯に火を点じ、その行灯は青き紙にて貼りたて、百筋の灯心を点じ、一つの物語に、灯心一筋づつ引とりぬれば、座中漸々暗くなり、青き紙の色うつろひて、何となく物凄くなりゆくなり。それに話つづければ、必ず怪しきこと、怖ろしきことあらわるるとかや〉とあって、話の中身がこわい話＝怪談に成り代わっています。子どもが楽しんでいたお話会の形式を大人が真似たということでしょうか。

「ユリイカ」の総特集『怪談』（一九九八年八月　青土社）所載の芸能風俗史研究家石井明（一九三六〜）氏によれば、怪談が盛んになった江戸初期には、①中世末期に説教僧・談義僧によって語られた仏の霊験や因果応報などの唱導仏教系の怪談、②中国から渡来した「剪燈新話」や、舞台を日本に移した浅井了意の『御伽婢子』に代表される中国怪奇小説系の怪談、③民間での説話を元にした諸国ばなし・民俗系の怪談の三系列に分けられるといいます。

〈この百物語という怪談会が、いつごろから始まったかは明らかではないが、当初は、武士の子弟の肝試しであったり、夜伽（よとぎ）・夜話といって、庚申待（こうしんまち）などで寝てはいけない夜に、眠気覚ましとして行われていた。百物語の最初は、延宝五年（一六七七）刊行の編者不詳の『諸国百物語』であるが、各巻二十話で全五冊、文字通りに百話が収められている。この時期の百物語怪談会の有様を知るのに貴重なものである。また、この百話のうち、三分の一が幽霊ばなしであることから、怪談の主流が人間中心の幽霊になっていったことがわかり、興味深いことである。〉（前出書）

この頃すでに百万という人口を抱えていた巨大都市江戸には、人々を楽しませる娯楽遊具の施設があり、さまざまな催しや興業が盛んに行われていました。歌舞伎、怪談会、落語等々です。

天保五年に出た咄本（はなしぼん）『百歌撰』に、落語家初代林屋正蔵の「元祖　大道具　大仕掛　妖怪ばなし」と銘打った興業の看板の版木（挿絵）が載っています。石井明氏によると、〈妖怪とあるが、登場するのは幽霊である。噺が最高潮になると、雨の音や時の鐘を鳴らし、場内を暗くすると寝鳥の合方が入り、焼酎か樟脳を含ませた綿に火をつけた人魂を浮かばせ、ドロドロの太鼓とともに幽霊が現れる。幽霊になるのは、咄家自身であったり、前座（幽太という）が女の着物を引きずるように着て、客席をまわって女客を怖がらせる。そして「ハテ、恐ろしき執念じゃなァ～」の科白で終る〉とあり、効果音や照明効果や人魂の仕掛け、さらには前座が演じる幽霊までが登場して噺を盛り上げたといいます。その頃には、歌舞伎芝居でも幻灯や写絵など、当時の最先端のテクノロジーが舞台効果として使われるようになっていました。つまり、それまでは音声や文字や絵巻物によって人それぞれが脳の中でイメージしていた怪異が、三次元的な形をともなった存在として人々の前に立ち現れることになったのです。ということは、怪異が怪異としての存在から滑落し始め、次第に色濃くなってきた合理主義的精神を背景に、怪異を娯楽や観賞の対象として見るという客観性を獲得し始めたということでもありました。

貞享（じきょう）三年（一六八六）に刊行された山岡元隣（げんりん）の『百物語評判』には、当時騒がれた墓が燃えるという怪異現象を調べて、人や動物を葬った土地には天地陰陽の理により必ずや燃えるものがあるとして「是不思議なる事に侍らず」と記しています。墓地の土壌には燃焼性の有機ガスが生成することに気づいていたのです。また、夜中に墓が何者かによって磨かれるという怪奇現象についても、現場を検証して人の足跡を見つけ出し、人間によるものと断じています。ここにも科学的な観察と、事実に基づいて思考するという理性的な態度がみられるのです。

こうした近代的な理性の萌芽がみられる一方、庶民の中には、根強く妖怪や怪異現象を信じる層と半信半疑の層が混在し、新旧交代の過渡期に必ず現れる混乱がすでに兆しをみせ始めていたのです。

3　声と言葉と言霊と

読経を聞きながら

通夜に列席しました。江戸時代からの古い真言宗のお寺でした。サンスクリット語まじりのご住職の読経が小一時間続きましたが、意味が聞き取れたのはほんの数語たらず。仏の教えを説く経文も不信心者にはBGMほどの有難味しか伝わりません。微笑みを浮かべた遺影に問いかけてもむろんのこと無言の答えしか返ってまいりません。親しい人を失った友人の気持ちはいかばかりか…。ふと、イタコの口寄せで死せる縁者の声を聞こうとする人々の存在や、洋の東西にあまたみられた交霊会のさまなどに思いは至るのでした。

人はなぜ幽明境を異にする故人の声を聞こうとするのでしょうか。いまは語ることのあたわぬ故人に語らせたいという願いはどこからやってくるのでしょうか。そもそも故人が語らんとする思いや生者へのメッセージを持ち得るのでしょうか。

たしかに人は死の直前まで意識があり思考が働いているかぎり何かの思いを抱き、関係者に伝えたいメッセージを持っているであろうことは想像に難くありません。問題は死と判定を下された瞬間以降はどうなのかということです。死の判定は脳波の停止をもってなされ、脳波の停止—脳の機能がストップした瞬間、人は死体という物体と化します。物体は思いを抱くこともできませんし、語ることもできません。まさしく死の瞬間をもってそれらは中断されます。けれども死者の人間としてのイメージや存在

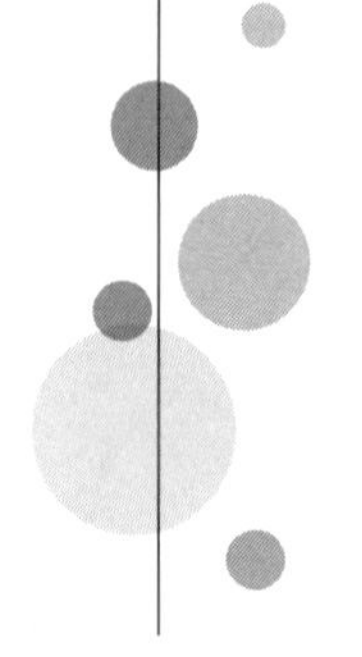

感までが死の瞬間に消えてしまうわけではないのでさまざまな解釈が生ずることになります。

アメリカの作家ロバート・J・ソウヤー（一九六〇〜）のネビュラ賞受賞のSF『ターミナル・エクスペリメント』（内田昌之訳　早川書房）は、まさしくそこに焦点を当てた作品です。扉に引用されている一九〇〇年代に国連の事務総長を努めたダグ・ハマーショルド（一九〇五〜一九六一）の文章、〈つまるところ、われわれは、どのような死の概念をもっているかによって、人生において生じるあらゆる問いかけに対する答えを決定しているのである〉が問題の本質のありかを正確に指し示していますが、まずはこの物語の概要を作家の瀬名秀明（一九六八〜）氏の解説からピックアップしましょう。

〈主人公である医学博士のピーター・ホブスンは、若い頃、臓器移植の手術に立ち会った。このとき、脳死者であるはずのドナーが手術中に大きく動くのを目撃し、以来、それが頭から離れなくなる。本当にドナーは死んでいたのだろうか？　一六年後、ピーターはスーパー脳波計を完成させる。これで脳波を測定すれば、完全に脳の活動が停止した瞬間がわかるのだ。ピーターは臨死体験をしたことがあるというフェネル夫人の臨終に立会い、夫人が死ぬ瞬間の脳波を測定する。ところが、そのデータを解析している途中で驚くべきことに気づく。なんと夫人の脳から電気フィールドが外へと抜け出してゆく過程がはっきりと記録されていたのだ。ピーターは思う。これは「魂」ではないか？　死後の生がはじめて観察されたのだ！〉

もうずいぶん昔のことですが、人間が死ぬと生前の体重よりおよそ21グラム体重が減少することを発見した人がいて、減少した重さこそ死と同時に身体から遊離した「魂」であると結論づけました。ソウヤーも死んだ人間の脳から外へ抜け出してゆく電気フィールドの行く先を死後の世界として、死後にもわれわれの「魂」は現実界とは異なった次元に存在し続けるという物語の結末を用意しています。

けれども、ソウヤーの物語が描き出した魂と魂が還って行く故郷もその存在が証明されたわけではありません。もしこのエンディングが読者の心を打ったとすれば、それは読者の無意識の闇の中に眠っている「そうあってほしい」という願望がイメージとして描き出されているからにほかなりません。

イタコの口寄せも交霊術も死者の魂があの世に存在し、何かを伝えたがっているという生者側の「そうあってほしい」という願望と、たとえ半信半疑であったとしても、死者の声を聞き、言葉を交わし、語り合いたいという切なる願いなくしては成立するはずがないのです。こうした心理的なメカニズムは、日常生活の場で誰もが無意識のうちに多用していることに気づきます。

江戸も時代が深まるにつれて次第に合理主義的な精神が色濃くなり、妖怪や幽霊等の怪異を娯楽や鑑賞の対象として見る客観性を人びとが獲得し始めたということはすでに触れましたが、そもそも汎神論的な宗教文化を生きてきたわが国の国民は、そうやすやすと近代理性に洗脳されはしませんでした。

誰しもが妖怪や幽霊や怪異の存在を表向きでは肯定しませんが、内心では完全に否定し切れず半信半疑でいたのです。霊魂についてもほぼ同様ですが、生者を悪霊や疫病災害から守ってくれる祖霊の存在は、慶弔時や伝統行事のなかで当然のように重用してきました。超現代的な先端技術を駆使して建設するビルの工事現場で、いまなお神式や仏式の地鎮祭や棟上式が執り行われていることがそのことを雄弁に物語っています。神を信じているわけでもないのに柏手を打って安全を祈願する、いわば現世利益的なおつきあいが日常に行われてきたのです。たとえ、その一瞬でも神仏や祖霊と向き合い、無言の対話を交わすことが、私たちの心に平安をもたらすとすれば、それなりの意味があるといえるのかもしれません。

通夜で聞いた読経は死者と生者への声による魂鎮めであり、死んだ後にも魂が残っていて生者を見守っていて欲しいという願望が信仰や芸能を生み、語り伝えられた物語に祖霊たちの言霊を聞く……その全ての場面と過程に私たちは声と言葉と相手の存在と言霊に耳を傾けることを必要としています。この基本は時代が移り変っても残っていくにちがいありませんし、残していかなくてはなりません。

想像力が生み出すもの

私たち人間の想像力の豊かさと多様性を示す例は、枚挙に暇（いとま）がないほど身のまわりに溢れています。たとえば、日本人は音に対して独特の感性を持っているといわれ、欧米人が雑音として聞く虫の鳴き声に耳を傾け、人生の哀歓を感じる、そんな文化を育ててきました。民俗学者内田順子（一九六七～）氏の「音の想像力と異界」の一節、「お化けの声・お化けの音」（『異界談義』国立歴史民俗博物館編　角川書店所載）によると、

〈水のほとりで小豆をとぐような音の怪として体験されるアズキトギ。大和の宇田（柳田国男の『妖怪談義』には「大和の宇陀都」とある）のベトベトサンの怪は、ひとり道を行くとき、後ろから誰かがつけてくるような足音がするというもの。そのときは道の片脇によって「ベトベトさん、さきへおこし」というと、足音がしなくなるといいます。備前和気郡熊山古城址にいたと伝えられるカイフキボウは、その声は法螺貝を吹いたようなものですが、すがたかたちを見た者はないといいます。それからタケキリダヌキ。夜分、竹を切る音がします。ちょんちょんと小枝をはらう音や、株を引き切ってざざと倒れる音。翌朝音がした場所に行ってみると何ごともない、というものです。

このように、人は、発信源がわからない奇怪な音を、何者かの仕業と考えるようです。しかし、この音の原因をつくっているもののすがたかたちはわからないままですから、ベトベトサンのように音の特徴をそのまま名前にしている場合もありますし、タケキリダヌキの例のように、姿はわからなくとも、狸や狐などの仕業と考えて名前をつけている場合もあります。〉

物理的にいえば、何らかの原因によって起こる空気の振動にしか過ぎない音を不気味な存在として解釈しようとする心性を、〈不思議な音の体験は、新たな妖怪を生む重要な契機の一つだったといえるでしょう。不思議でよくわからない現象に名前を与えて理解しやすくすることによって安心したいという、

人々の心のはたらきが、その背後にあると考えられます。〉と内田氏は読みとっています。

こうした人間の心のはたらきを、民俗学者の小松和彦氏は人間の精神の営みの歴史としてとらえます。

〈何か不思議だと思うような現象に出会ったとき、人びとはどのようにそれを説明し、自分の中で納得させようとするのか。あるいはそれを、どのように表現し、人に伝えようとするのか。その歴史が異界表象の歴史です。異界は向こう側の世界であり、過去の世界であり、未来世界です。そしてそれを見る方法が占いであり夢でした。見えない世界を見る方法を編み出してきた人びとの歴史。それが妖怪史であり異界史であり、託宣史であったのです。

　人間は想像する動物です。見えないもの、どこにあるかわからないもの、不思議なものを、一生懸命想像してきました。それは科学をも生み出しましたが、同時に、日本における精神文化、さらには妖怪文化をも生み出してきたのです。〉（『異界談義』所載）

また、こうした営みが「物語」の成立とも深い関係があると述べています。

〈たとえば私が山の中に行って一晩過したときに、眠れないで意識が冴え、それで部屋や小屋の近く、あるいは遠くで何か音が聞こえる。その音を不思議だと感じる。その不思議だというところが非常に大事な点であって、さらにそれをどのように自分の側に引き寄せて説明づけていくのかという、そのプロセスが大事なんです。その認知プロセスの結果、その音の正体が「小豆洗い」だということになったり、さらには「小豆洗い」というのはこんな形をしているんだということになっていく。人びとは生きていく中で、不思議なものに毎日出会う。いや、ある人は不思議と思うけれど、ある人は何でもないと思うような「コト」で満ち満ちているのですね。その認知プロセスは、じつは「物語」を作るプロセスでもあるわけで、そこにとりわけ興味があります。〉

さらに、小松氏は、作家の京極夏彦（一九六三〜）氏との『異界談義』の対談の中で、京極氏の〈現在私たちが「妖怪」として理解するようなモノを描いた絵巻は、数多く残っています。それぞれに多様なお化けが描かれているわけですが、しかし並べてみると意外に類型的だということもわかります〉という指摘に対して、〈類型的なものというのは、いろいろな人の体験が蓄積されて創られたものです。妖怪のひとつひとつが、実はそういうものの蓄積の産物なのですね。日本人の歴史の蓄積でもあるし、人間の想像力の蓄積でもある〉と述べ、〈人間はどうして異界を創り出すのかというような根本的な問いかけをじっくり考える必要がある。急がずそのテーマを熟成させていくべきなのです。人間学というんでしょうか、人間を理解するための装置として有効なものなんだと考えていく必要があると思うのです〉と学問として学際的に探求するに値するとしています。

想像力の限界と性差

考えてみれば、あらゆる物語は、全てその物語を生み出した作者の想像力の産物といえます。ですから、その物語は、良くも悪くも作者の想像力のあり方や限界を映し出す鏡となっています。その例を、古典文学研究者立石和弘（一九六八～）氏の『男が女を盗む話―紫の上は「幸せ」だったのか』（中央公論新社）の中から炙り出してみましょう。

この著作は、『伊勢』『大和』『源氏』『更科』『うつほ』等の平安期の物語から、嫁盗みに始まる男女の結びつきを広く渉猟（しょうりょう）しつつ、当時の男女の性意識に迫るもので、同時に作者の想像力のあり方をとらえる格好の論考になっています。

立石氏は、まず、『伊勢物語』の第六段（芥川段＝鬼一口（おにひとくち））を取り上げます。

〈芥川段は、およそ次のような話である。在原業平をモデルとした主人公が、のちに清和天皇の后となる藤原高子を盗み出し、芥川のほとりを逃走する。女は草の上に置かれた露を「あれは、何」と問うが、先を急ぐ男はそれに答える余裕がない。行く先遠く、夜も更けたので、女を荒れた蔵に隠し、男は蔵の外で番をする。しかし、蔵の奥では鬼が息を潜めていた。女は一口で喰われてしまった。男は嘆き悲しんだが甲斐がなかったという話である。〉

立石氏は、女を背負って逃げる男を描いた俵屋宗達作と伝えられる「伊勢物語図色紙」と、鬼に喰らいつかれている女を描いた「異本伊勢物語絵巻」の二枚の図絵から、略奪した男と略奪された女の間の愛憎のドラマと、物語の受け手の心理について分析していきます。

〈確かに言えることは、奪われる女の陶酔は、男が連れ去る上での必須の要件であるということだ。醒めた抵抗の意思を女が示すとき、男の抱擁は暴力へと意味づけを変える。略奪の企図がはらむ暴力性を隠蔽するためには、女の陶酔はぜひとも確保しておきたい要素なのである。…これがひとたび覆ると、男の身勝手な幻想と暴力性が露呈することとなる。それを嫌う読者、つまりは芥川段をロマンチックに語りたい読者、男のヒロイズムに期待する読者の欲望が、女性の内面を捨て去り、その空白に女性の同意を補うことになる。〉

色紙に描かれた図絵は、〈女はしがみつくように男に抱きつき、男も気遣うように顔を向ける。向き合う男女の構図は、確かな愛情と、深い信頼関係が、二人の間に紡がれていることを印象づける〉もので、あたかも女の同意のもとに逃げているかのように見えますが、〈しかし、原文をつぶさに読むと、「略奪」を喚起させる表現が織り込まれていることに気づく〉のであって、色紙に描かれている恋の逃避行というロマンチックな視覚イメージは、男性のそうあってほしいという幻想にしか過ぎないのではないか。一方、絵巻には、〈鬼は女の髪と腕をつかみ、白い腕に噛みついている。腕からは血が噴出し、地面を赤く染めている〉場面がサディスティックに描かれており、〈高貴な女が鬼に喰われるという、いわば女への凌辱の興味〉に応えている。その背後には、〈想像力の型として「虐殺される美女」のモチーフが存在し、読者の欲望に支えられて再生産されてきた〉と、論じています。

次に、平安中期に書かれた『大和物語』を取り上げ、男女の想像力の表われ方の性差を読み解いてみ

ましょう。一五四段「龍田川」の立石氏による現代語訳です。＊〔 〕内は引用者による付記
〈大和の国に住む人の娘で、とても美しい女を、都からやってきた男が垣間見したところ、たいへんに魅力的な姿なので、盗んで、かき抱いて、馬に乗せて逃げていった。（女は）ひどく驚き、恐ろしく思った。日が暮れて、龍田山で野宿をした。草の中に障泥（あおり）（鞍に付ける泥よけ）を解き敷いて、女を抱いて横になった。女は恐ろしいと思うことこの上なかった。心細く思って、男がものを言うけれど、返事もしないで泣いていたので、男、

【誰が禊をして放った鶏か。龍田山でいつまでも鳴いていることだ】〔たがみそぎゆふつけどりか唐衣立田の山におりはえてなく〕

女の返事、

【龍田川の岩の根本へと流れていく水のように、これからどうなるかわからずに泣く私のように、不安で鳴いているのだ】〔立田川いはねをさしてゆく水の行方もしらぬわがごとやなく〕

と詠んで死んだ。まったくあきれ果て、男は（女を）抱きかかえて泣いた。〉

ここでは、〈ひどく驚き、恐ろしく思った…恐ろしいと思うことこの上なかった……心細く思って、返事もしないで泣いていた〉というように、物語は女の心情を中心に進んでいきます。

〈龍田川段には「抱く」という表現が三回出てくる。まずは女を盗み出す際、男は女を抱いて馬に乗せる。次は龍田山で女を抱く。最後に抱くのは女の遺骸である。……男の抱擁には、女への愛情と執着が表れていると言えよう。……しかし、女の側に立つ時、視界は反転する。女は一貫して拒否の態度を示しているのだから、女からすれば男の抱擁は嫌悪すべき暴力にほかならない。……たとえその根底に愛情があろうとも、抱かれる側にとって望まぬ抱擁であったならば、それは苦痛以外の何物でもない。居場所となる安らかな空間、その住み馴れた家や愛する者たちとの関係が、男が抱くことで、抱かれる女から奪われていく。自身の立脚することごとくを、男の抱擁が奪うので

あり、そうした乖離と孤独をもたらす抱擁を『大和物語』の一五四段は描いている。……最後に男が抱くのは女の遺骸である。力ずくで女を手に入れようとした男は、その過程で女の気持ちと向き合うことをしなかった。〉

恋とは大いなる誤解である、という箴言がありますが、相手の女の心の内を読むことができない男の想像力の貧しさは救いようがないといえます。

では、反対に略奪された女には、略奪した男の心情を想像することはできないのでしょうか。『大和物語』の一五五段「安積山（あさかやま）」では、男に騙されて強引に山中に連れてこられた女が、男への愛を告白して死んでいきます。

〈男の執拗な呼びかけに騙され、計画的な行動によって拉致された。それが物語の発端に描かれる女の位置づけである。ところが、最期のときを迎える際に詠まれた女の唱は、これとはまったく異なる心境が詠み込まれる。……「あの人を浅い心で思っていただろうか。そのようなことはない、深く愛していたのだ」という内容になる。〔あさかやまかげさへみゆる山の井のあさくは人を思ふものかは〕〉

女は男の心をおもんばかってその愛を受け容れたのでしょうか。ここで立石氏は、新潟少女監禁事件（一九九〇年に新潟で明らかになった九年二か月にわたる女性監禁事件）の公判と供述調書から、監禁されていた女性の〈生き残っていくためには言うことを聞くしかなかった〉〈二度と顔を見たくありません〉〈男に日の光を浴びさせないで下さい〉ということばと、男の〈嫌われていないと思っていました〉〈被害者とはうまくやっていたと思うのですが、実はそうではなくて、恨まれていたことを知り、ショックを受けた〉という発言を引用しつつ、女の心理の深層を腑分け（解剖）しています。

〈まず女は男のことばに騙され、強引に安積山の庵に据えられた。ここで注意したいのは、女はこれまでとはまったく異なる環境に身を置いたということである。大納言邸では、親に加えて多くの女房たちのかしずきがあったのであり、それが一転して、男のほかには誰も世話をする人がいない環境に変わる。当然のこととして、女はそうした条件のなかで生き延びるすべを知らない。女の生存条件はすべて男に委ねられているのであり、「食う」という表現が反復されるのもそのことと関わっている。……この男往ぬれば、ただ一人物も食わで山中にゐたれば、限りなくわびしかりけり。……〈この上なく心細かった〉という女の心情は、この食の不安と連動している。男が戻ってこないことは、すなわち女の死を意味する。生きるために男に依存しなければならない環境に女は置かれている。加えて女は妊娠する。……男への愛を抱かざるをえないほど、女は追い詰められていたということだ。……人は苛酷な環境のなかで、生きるために、自身を暴力によっておとしめた相手にさえ愛情を抱くことがある。そうした残酷をこの物語は描いている。〉

圧倒的に有利な立場に立つ者が、その威力を笠に着て、弱い立場の人間に何らかの嫌がらせをしたり何かを要求したりすることを「パワーハラスメント」といいますが、いやいや従わざるをえないことと、自らの意思ですることとを等価とみなすことは許されません。

安積山の段の女は、食べるものを調達に出た男の帰りを待ちわびていたある日、水鏡に映った自分の姿が「あやしきようになりにけり」と衝撃を受け、自ら死を選びます。

立石氏は、〈水鏡に映った見知らぬ自己と向き合うことで、生きるために必要な何かを失った。女が失ったものとは、自分が自分であることの証、大納言家の娘としての同一性ではなかったか〉とし、〈大納言家の娘とは思えぬ姿にやつれ果てた女を、これまでと変わることなく愛し続けている。女にとっては肯定すべくもない自己の現実ではあるがまるで下賎の者のようにやつれたその姿を、男はけっして嫌悪することなく、代わらぬ愛を注ぎ続けている。ならば男が愛する「私」に同一化し、その関係性を新たな立脚点として生き直すことも可能であったろう。それをしない女にとって、男とはしょせんその程度の存在でしかない〉と、結んでいます。女の想像力も新たな愛を紡ぎ始める構想を描きえないほど、自己中心的で狭隘（きょうあい）なものだったのかもしれません。

光源氏の想像力

さて、『源氏物語』に描かれた光源氏の場合は、どのような想像力の持ち主だったのでしょうか。

立石氏は、後に紫の上となる若紫のエピソードを、嫁盗みの主題に即して読み解いていきます。

瘧病（熱病）の治療のため、都を離れて北山へ出向いたときに、光源氏は、老いた尼と共にいる十歳くらいの少女を垣間見、一目で惹かれます。惹かれるわけは、少女が〈限りなう心を尽くしきこゆる人に、いとよう似たてまつれるが、まもらるるなりけり。【限りなく心を尽くし申し上げている人に、まことによく似申し上げているので、見つめられてしまうものであったよ】〉というのです。この光源氏が限りなく心を寄せている人こそ、光源氏の父、桐壺帝の後宮に身をおく藤壺であり、少女の父、兵部卿宮はその藤壺の兄に当る、ということは、少女は藤壺の姪に当るのですから、似ているのも故なしとはいえないでしょう。

〈光源氏が歌物語の男たちと異なる点は、唐突に盗み出すのではなく、あたうる限り手を尽くして交渉を試みるところにある。交渉相手は、僧都や尼君であり、尼君の死後は少納言の乳母という具合に、若紫の世話をしようとする後見役に打診を繰り返すことになる〉

交渉は、姫が若すぎるという理由ではかばかしい成果を上げることができません。そこで、光源氏はやや強引に姫を都に引き取ってしまい、自分好みの女性に育て上げていきます。

男性が懸想した女性を力ずくで奪うという行為をめぐって、『伊勢物語』『大和物語』における男女の心理の分析に続いて、『源氏物語』の光源氏が一目で魅かれた少女若紫を強引に引き取り、自分好みの女性に育てる行為について、立石氏の論考を軸にして考えてみます。

〈若紫のあどけなさは思い通りにそだてるには有利な条件である。光源氏は僧都から若紫の素性を聞き出した際、あらためて妻にしたいと思いつつ、「自分にふさわしい上品さもあり、魅力もあり、中途半端にこざかしいところがなくて、親しく語らいながら、思うとおりに教えたいものだ」と思っている。「教える」という行為は、光源氏が若紫と向き合う基本的な態度である。自分の理想に適う女に育てあげるという願望は、いずれ裏切られることが約束された身勝手な幻想に過ぎない。〉

二条院に拉致同然に連れてこられた若紫が初めて夜を迎えたとき、

〈若紫は、「むくつけし」(いやだ)「わびし」(心細い)といった悲痛な心情に耐え、涙を流しながら横になっている。それでも声を上げて泣かないのは、光源氏を受け入れているからではなく、「え泣きたまわず」泣くことができないのである。連れ去られる過程にあって、若紫は「恐ろし」、「あやし」(事態がのみ込めない)と怯えており、不安にうち震えている。加えて、自らの反応が男を刺激する可能性があり、それゆえ泣くことができない。若紫が「少納言の所で寝たい」と言うのも、この場から逃れようとする子どもなりの口実である。それを、「いと若し」(なんとも幼いことだ)と感じるあたり、女の内面を切り捨てて、その表層的な美しさ、愛らしさにのみとらわれる光源氏のあり方が露呈している。〉

紫の上の変容

光源氏による若紫の調教は順調に進んで、正妻葵の所に出かけようとする時も嫌味一つ洩らさずに送り出すようになります。

〈他の女のもとに出かける時、必要以上に相手を責めず、束縛しない。追い詰めることをしないというその「節度」は、すべて光源氏が施した教育のたまものである。一夫多妻の生活を生きる男にとっては都合のよい存在として、若紫は順調に「成長」している。〉

やがて、葵の上が死ぬと、光源氏と若紫は結ばれ、紫の上となって六条院で暮らすことになりますが、正妻の身分は与えられず、光源氏の女性関係に悩まされることになります。この頃になると紫の上にも女としての嫉妬心も芽生えますが、それを直接的に表現する強さを持つことはありません。次々に並べられる年の暮れに妻たちに贈る豪華な晴れ着の中でも図抜けて目をひく明石の君への衣装に対して、紫の上は「めざまし」（気に喰わない）と心の中で思います。

〈「さては、いずれをとか思す」（では、あなたはどれが似合うと思いますか）。光源氏が紫の上の自己像を尋ねる言葉であり、素直に着たい衣を選べばよいと思われるところだが、意外にも紫の上は「それも鏡にてはいかでか」（そんなこと、鏡を見てどうしてわかりましょう）と、はにかみながらはぐらかしていく。紫の上の自己意識の構図が、ここに端的に示されている。もちろん紫の上にも自己像というものはあろう。しかし、六条院の女たちに求められているのは、自分が思い描く自己像の表現ではなく、光源氏が要求する女性像の体現なのである。それをよく知る紫の上は、鏡に映し出された自己像ではなく、光源氏という鏡によって照り返された自己像に同一化しようとする。こうした選択は、当然のこととして、演じられた自己と、心に押し隠された自己像との間に齟齬を生じさせることにもなるが、その調整がうまくできた者だけが、光源氏の側で暮らすことができるのである。〉

恋人がイメージする通りの女（男）になろうと思う心理に誰もが一度はとらわれるもののようです。けれども、それを一生貫き通すことが至難の技であることは先刻ご承知の通りです。光源氏に創られた紫の上の内面にもそうした変化が芽生え、次第に大きく育っていったのです。

光源氏と藤壺の宮との密通によって生まれ、帝の長子として育てられた男子が冷泉帝として即位すると、光源氏は準太政天皇の地位に昇ります。そこで身分にふさわしい正妻として異母兄、朱雀院の娘である女三宮が迎えられます。その婚姻の夜、

〈紫の上はまんじりともせず朝を迎え、鳥の声を聞く。その頃、光源氏の枕元には紫の上の姿が現れる。光源氏は動揺し、一番鶏の声を聞くと東の対に急いで戻る。紫の上は目が覚めたまま生き霊化したのである。表面的には取り繕いながらも、自身で制御できない内面は、生き霊化するまで追い込まれていたということになる。紫の上はしだいに光源氏とのコミュニケーションを断念していく。はじめは嫉妬心を見せていた紫の上も、やがて言葉を飲み込み、思いをしまい込んでいくようになる。夫との会話によってもいささかも状況は変わらない。そうした絶望が、言葉を言いかけてやめる態度として表れ、しだいに心内語（しんないご）を長大化させていく〉

幻想の相対化

光源氏が理想の女として育てた紫の上にとって、光源氏は、理想の男ではあり得ませんでした。そのことが決定的になったのは、光源氏の息子夕霧と故柏木の妻落葉宮との関係をめぐっての考え方の違いの大きさでした。光源氏は、息子ほどの美男には浮気も許されると、自らの過去の愛の遍歴と重ねて息子の所業を肯定します。

これに対して、紫の上は、

〈夕霧の振る舞いは、先妻と後妻をともに傷つける行為であり、いたわしいことだと心を痛めます。そして思うのは女の身の生きがたさであった。「女ほど、身の処し方が窮屈で哀れなものはない。ものの情趣や、折々の風流をも知らぬ風にひき沈んでいるのなら、生きていく張合いも、定めなき世の所在なさを慰めることができなかろう。大方、ものの道理を知らず、役に立たない人になるのでは、産み育てた親も残念ではなかろうか。思うことを心の奥にしまって、無言太子とか、小法師たちが悲しいことの例とするたとえ話のように、悪いこと、よいことの分別を持ちながら、埋もれるようにして黙っているのは残念なことだ。自身のこととして、ほどよく身を処していくには、どうしたらよいのだろうか」切々と綴られる、女の性役割に向けた批評は、しかし、けっして口にされることがない。

…紫の上の思いは、「今はただ女一の宮の御ためなり」とあるように、養女として育てた明石の姫君の娘、紫の上からは孫にあたる女一の宮へと向けられていた。屋敷の奥に据えられ、鬱々として暮らす生活、思うことも表明できず、埋もれるようにして終える生涯。それらは、光源氏との関係のなかで、ひとり心の奥に育て上げた性役割への批判であった。自分たちはこうした生き方しかできなかった。しかし、後の世代の女たちは違う選択があるのではないか。「今はただ女一の宮の御ためなり」という一言は、そうした思いをも喚起させる含みがある紫の上のまなざしは未来の女たちに向けられている〉

かくして、光源氏の女性関係と手を切って出家したいという願望も許されないまま、紫の上は、養女に手を取られて生涯を終えます。

〈「思い通りになる女」という幻想と向き合い、その欲望に応え続けてきたのは、強引に連れ出され、正式な結婚を拒まれ、屋敷に据えられることで、夫以外に身を置く場所を失ったからであった。理想的な妻としての端正な振る舞いも、理想的であらねばならぬ事情があった。

物語はそうした環境を設定することで、求められる役割を演じ、男の幻想と向き合いながら、やがて、それと齟齬をきたし、そこからこぼれ落ちる内奥を抱え込む紫の上を浮かび上がらせていく。紫の上の内面を通して批判され、相対化されていくものは、男社会にあって、物のように扱われる女、思い通りになる存在として扱われる女の位置づけであり、まさしくそれは、略奪する男の幻想そのものであった。〉

深く読み解く力

〝紫の上は「幸せ」だったのか〟という副題を持つ立石氏の論考は、私たちに『源氏物語』の持つ物語としての汲めど尽きせぬ奥行きの深さと、一人の登場人物の内面に迫る深い読みが、物語に潜んでいる作者のメッセージを浮かび上がらせることを教えてくれます。光源氏と紫の上の関係性のなかで抉り出された愛をめぐっての男女の齟齬が、現代にそのまま通じることを発見できたことも、私たちが古典文学を、今いかに読むべきかを示してくれています。

光源氏の一見、華麗で雅なドン・ファンぶりも、実はしたたかに計算された女性関係を利用して、より高い地位への権勢欲を満たそうとするための権謀術数（けんぼうじゅっすう）であることもみえてきました。

過去の物語を読む時のこうしたリテラシー（批判的読解力）は、物語を現代によみがえらせ、歴史が蓄積してきた知恵の再利用を可能にするとともに、時間の彼方に埋もれた過去の再評価と学習を可能にします。この読解力は、再話に当たっても欠かせないもので、単なる語りかえにとどまっている再話のレベルを高め、内容を豊かにします。

文化の伝承には絶えざる革新が伴うことは、今日なお人々を惹きつけてやまない伝統芸術の歴史が教えるところです。古典芸能の入門書『古典芸能（あたらしい教科書13）』（プチグラパブリッシング）は、翻訳家の金原瑞人（一九五四～）氏をインタビュアーにして、大蔵流狂言師の茂山宗彦（一九七五～）氏、落語家の四代目桂文我（一九六〇～）氏、落語家の立川志らく（一九六三～）氏の三氏にそれぞれの古典についての考えをめぐって対談しています。

〈**金原**　昔からずっと上演されてきた台本があって、その通りにやっているわけですよね？

宗彦　それが基本で、当然僕なんかはそうです。でも、千作、千之丞（人間国宝）クラスになってくると、時々、勝手にパクって来ることがあるんです。僕らは教えてもらったままを、これはこうするもんなんやって、ずっと思ってやっているんですけど、それがある日突然、「あの型、ホンマはないねん」って言いだすんですよ。ええっ、なんで？　と思うでしょ。「よその家（流派）の型見てな、かっこええなと思ったからやったんや」って（笑）。だから六百年前のままの狂言を茂山家はやっているのかって聞かれたら、それはやってません。逆に言えば、そんな風に狂言というのは、六百年の間ずっと変わってきていると思うんですよ。だから続いてきたんだと思いますね」

（中略）

文我　だからと言って、教えられた通りに演じていればいいのかというと、それも違います。昔から伝えられたものを「お取次ぎ」するだけでは、ダメです。「人間の本質のお取次ぎ」はありですが、「形式的なお取次ぎ」ではとんでもないことになる。

金原　人間と形式の違いについて、もう少し説明してもらえますか？

文我　「冷凍保存していた江戸時代の風俗を解凍しました」というのが、「形式だけのお取次ぎ」です。江戸と今日とは三百年のズレがありますから、それは通用しにくいことが多いと言えます。それに対して「人間の本質のお取次ぎ」は、誰でも持っている感情の本質……三百年経っても変わらない「人間の感情の本質」を、きちんと伝えることです。

志らく　そのためには、ある程度今の感覚に変えていかないといけない部分もあるわけです。シェイクスピアだって、昔の台本のままやっても何がなんだかわからない。

金原　変わらないものを伝えるために、変える。

志らく　それがオリジナリティです。過去の名人は、みんな自分で何かを作ってきた人なんですよ。志ん生師匠だっていろんな人のギャグをパクリつつ、自分の世界を作ったし。談志にしたって、志ん朝師匠にしたってみんなそうですよ。

金原 結局、クリエイティブな人が観客に支持されて、残っているんですね。

志らく 伝統芸能だから教わった通りやってればいいんだって思っている人たちが多いけど、それは勘違いですよ。『時そば』を戦後復活させたのも、与太郎話をあれだけ面白くしたのも小さん師匠だし。

文我 それをやること自体、落語家が楽しんだ上で、お客さんに楽しんでいただけるかどうかということです〉

私たちの語りの世界にもそのまま通用することではないでしょうか。昔話や物語の中に隠れ潜んでいる（未知なる）できごとを私たちが生きているこの現実といかに切り結ばせることができるかが問われている、ということになるでしょう。それは、再話者の独断的な解釈や他の物語の再話にも応用が効く一般化を超えて、同時代に生きる人たちの心を揺るがす本質的なオリジナリティを持つものを目指すべきだということではないでしょうか。

これまで、語り手たちの間で使われてきた「再話」の概念は、①原話を忠実にいまのことばに置き換える、②原話を分かりやすく書き換える、③原話のストーリーラインをなぞって再構成する、④原話のメッセージとイメージを壊さないように再構成する、といった、いずれかの範囲にとどまっていました。①から④へ進むに従って再話者に許される自由度は高まりますが、再話者による新たなエピソードの書き加えや、メッセージの変更や新解釈は、パロディと銘打たない限り、おおむねタブーとされてきました。

こうした制約は、原話を原型に近い形で語り伝えるという成果を上げてきた半面、物語世界を原話という枠の中に閉じ込め、新しい時代に生きる人々の心を広く捉えるインパクトを減衰させてきたことも否めません。

ふりかえってみれば、わが国には、古来、本歌取りという文学形式があり、また、外来文化を換骨（かんこつ）

奪胎して独自の文化を生み出してきた例が、文学の世界でも数多く残されています。上田秋成の『雨月物語』は、中国の当時の日常語を使って書かれた白話小説の翻案の最高傑作としてつとに名高いところですが、中国からの小説の輸入は江戸時代の元禄・正徳年間から始まり、寛政三年には、白話小説を読むための辞書『画引小説字彙』が出され、そこには百五十を超える作品からの引用が記載されていたといいます。

須永朝彦（一九四六〜）氏は、『日本幻想文学史』（平凡社）の中でこう述べています。

〈ここに、未だ白話小説の訓訳・翻訳が殆ど見当たらぬうちに見事な翻案を著した者がある。大阪の医者にして書家という都賀庭鐘がその人で、（中略）翻案に際して庭鐘は伝奇的要素を相当に加えている。時代を鎌倉・室町に設定し、『太平記』などを〈世界〉として用いているが、興味深いのは、白話小説の筋を借りて『太平記』などの人物・事件を小説化する過程に自ずと庭鐘の歴史に対する批評のごときものが織り込まれていることである。また庭鐘は、それを語るに適わしい和漢混淆・雅俗折衷の小説文体を創出している。〉

秋成の『雨月物語』を、庭鐘の『英草紙』の後を受けて世に出た作品と位置づけています。
こうした過去の文学的な手法に習い、現代の語り手ないしは書き手による再話も、前出⑤原話の構成要素を核にして創作部分を加えた大胆な再構成、⑥原話に触発されながら、独自の世界へと発展させた創作、にまで発展させることがあってもいいのではないかと考えます。

なぜなら、このような創造的な再話は、原話の世界とそのメッセージを現代的な視座から読み解くことで、新しい物語世界の発見をもたらし、原話を文字通り再生（ルネッサンス）させる営みとなるからです。前出の、若手落語家桂文我の発言にもあったように、古典芸能の伝承は、形だけの継承では、「形だけのお取次ぎ」にしか過ぎず、作品に宿る「人間の本質のお取次ぎ」があってこそ真の伝承になる、という指摘が再話についても当てはまるのではないでしょうか。

再話に当たって「人間の本質のお取次ぎ」を可能にするには、原話のメッセージをどう読み解き、そこにどんな新しい発見をつけ加えることができるかが問われることになります。

作家の桐野夏生（一九五一〜）氏の『女神記』（角川書店）は、国造り神話の一エピソードだった男神イザナキと女神イザナミの物語を、男と女の性愛を巡る神話として見事に読み変えた創造的な再話の一例です。

桐野夏生氏の創造的な再話は、沖縄を連想させるヤマトの南端に位置する多島海に浮ぶ「海蛇島」を舞台に、二つの巫女の家系の男女をめぐる愛憎劇がイザナミ、イザナキの神話と幾重にも交錯する複雑なストーリー展開は、『女神記』でお楽しみいただくとして、『古事記』の記述の単なる現代語による再話ではなし得ない古典の精神の再生（ルネッサンス）を実現させ、イザナミの怒り・怨みを、時代を超えた女性のそれと交錯・融合させることで、世界三十二か国で共同出版される「新・世界の神話」の一冊としての普遍性をも実現させています。

日常の語りにおける再話にも再話者としての創造性が不可欠であると同時に、原話への深い読みと愛情を持つことが再話者と語り手と聞き手に求められているといえます。

創造的な再話例として、『女神記』を取り上げましたが、再話に取り組むにあたって学ぶべき作品は数多くあります。

そのいくつかを紹介しておきましょう。

鯨統一郎（覆面作家・年齢不詳）氏『新千年紀古事記伝ＹＡＭＡＴＯ』（角川春樹事務所）。この作品は、ヤマトタケルと名づけられた魂が、宇宙の根源で一つの大きな爆発を起こしてこの世界を創ったとする史観をベースに、ダイナミックでスケールの大きい文体で、若者にも読みやすいスピード感あふれる作品に仕上げています。

瀬戸内寂聴（一九二二〜）氏『女人源氏物語』（一巻〜五巻　集英社）。源氏物語の各帖を、そこに登場する女性が一人称で物語るという大胆な手法で、光源氏をめぐる女性の愛と苦悩をくっきりと浮かび上がらせることに成功した再話です。この作品に先行して、同じ作者による現代語訳もあります。

中上紀（一九七一～）氏『熊野物語』（平凡社）。作者の父親である中上健次にも、太古からの伝説が数多く残る熊野を舞台にした『熊野集』をはじめとする優れた作品がありますが、この作品に収められている十七の短編は、古来、巡礼が絶えることなく訪れる神仏混淆の聖地熊野に伝わる隠国（こもりく）の伝説に取材した作品で、とかく無味乾燥になりがちな伝説の再話のありかたを考える上で多くの示唆を与えてくれるものです。現代の作家による豊穣（ほうじょう）な古典の再生に学びながら再話の多様化に取り組みたいと思うのです。

再話というルネッサンス

再話は、物語に宿る言霊に光を当て、よりビビッドにその力を甦らせようとする営みです。

一例として、宗教哲学者にして神道ソングライターでもある鎌田東二（一九五一～）氏の『超訳古事記』（ミシマ社）からイザナギ・イザナミによる国生みの段を取り上げてみます。

〈伊邪那岐　伊邪那美
ふたりの神が天上の神々の命を受けて
天地をつなぐ　虹の架け橋を渡って
天の浮橋を通って
地上世界に降り立っていく

だが　そこは　いまだ泥のように形なき世界
元始の乳汁のように　形をもたない泥の海
その海の中に玉で飾った天の沼矛(あめのぬぼこ)を差し入れて
ぐるぐる　ぐるぐると　かき混ぜた

そこに
渦のように
波のように
動きがあらわれ
不思議な文様をうみなしていく

まる
さんかく
しかく
まる
さんかく
しかく
天は丸
地は四角
人は三角

そのゆくりなくも渦を巻く
まる　さんかく　しかくの　変幻する
めくるめく形に見惚れながら
矛を引き戻した

ぽたりぽたりと雫がおちた
ぽたりぽたりと雫がたれた

その雫が小さな島となった
その島を二人は淤能碁呂島(おのごろじま)と名づけた
自ずからこりかたまってできた島という意味である〉

硬い古文が軟らかく詩的でリズミカルな文に生まれ変わって、それこそ歌にもなりそうですし鎌田氏は神道シンガーソングライターと自称されている。古文のルネッサンスとでも表現できる大胆な再話によって、二人の神の国生みの様子が目の当たりに浮かぶようです。

鎌田氏は、超訳の意図を〈稗田阿礼や太安万侶(おおのやすまろ)に倣って、文字でなく、語り物であるという、その語り物のありようを、最大限に尊重する形で「超訳」をしたのです。「新しい国学を興す事」（『古代研究』）を提唱した国文学者にして民俗学者の折口信夫は、『古事記』を「歌物語の前型」とか、「口承文芸の台本」とかと言っていますが、わたしはその「歌物語の前型」や「口承文芸の台本」を現代に甦らせる試みをしたかったのです〉と、後書きで述べています。

稗田阿礼が語った物語を太安万侶が文字に起こして筆写したという『古事記』と同じ手法で、鎌田氏の語りおろしの録音をもとに、版元の三島邦弘（一九七五～）がテープ起こしをしたものを訂正加筆したという再話法は、折口のいう「口承文芸の台本」の作り方として、語り手たちにとって注目すべき方法の一つといえるのではないでしょうか。

古文に限らず再話によってよみがえった過去のすぐれた作品の言霊の力が、私たちの人生に豊かなものを贈り届けてくれるに違いありません。

Ⅲ

新しい語りの創造へ
―いくつかの視点から―

1 語りの場の誕生と変遷

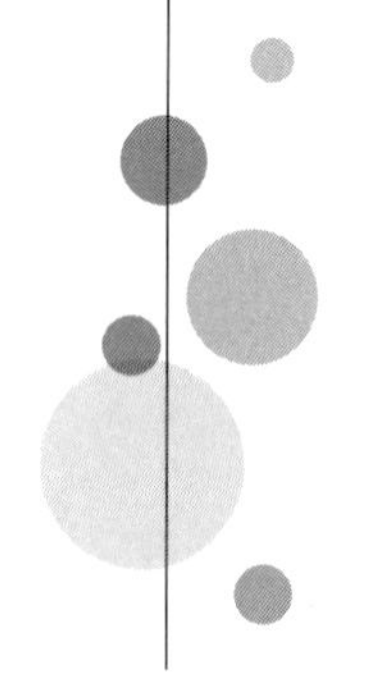

そもそもの始まり

語りの場が、いつ、どのようにして誕生したかについて知る者はいません。が、そのことを考えてみようとする心の動きの中に、語りの本質、語りの始源へ迫りたいという、私たちの渇望が潜んでいます。語り手であり、語り手たちの会創始者の故・櫻井美紀（一九三三〜二〇一〇）は、語りの始源について、『語り――豊饒の世界へ』（共著＝片岡輝　萌文社）で次のように述べています。

〈語ったり聞いたりする音声言語の文化は、人類が文字を考案するよりも、もっと古い時代から人を楽しませ、人の魂や思想を豊かにしてきたものでした。（中略）

「語る」という行為の始まりは、「祈る・呪（まじな）う・うたう」などと同じ目的と働きがありました。「語る」の語の古い意味を探って語源を遡っていくと、「魂をゆさぶり、魂と交流し、魂を鎮める」という意味に行き着きます。

「語る」という行為には「話す」と違って、語る内容が相手の心にしっかりと届いてほしいという願いがあります。つまり、魂から魂へ、直接訴えかける願いのこもった行為です。一方の「話す」という行為には、もう少し軽い意味があるのです。（中略）

口承文芸研究者の福田晃氏の論文「昔話と歌謡の間――南島の伝承をめぐって」（『口承文芸研究』第5号）によると、ユタ（沖縄の巫女）になる人は、神懸かりとなって意味の分からないとなえことばを唱えます。それを「神口(かみくち)」(神自身の短いことば)といいますが、そのあとに叙事的なウタが口から出てくる状況に言及されています。その叙事的なウタが「神語り」といわれるもので、古代文学研究者の折口信夫のいう「祝詞(のりと)」にあたります。福田氏はそこでウタとカタリ、民謡と昔話の始源と展開を次のように、図式化しています。

神口→ウタ→歌謡・民謡
神語り→カタリ→伝説・本格昔話・語り物

神口から発生したウタ、神語りから発生したカタリ、この二つは元をただせば口承文芸の始源であるということです。

ウタウの語源は、「ウツ・打つ」であろうと、文化人類学や民俗音楽の研究者の方々は言っています。古代においてはウツもウタウも神に向かって人が心を打ち上げる意味をもつものでした。折口信夫の『古代研究』によれば、「呪言(じゅごん)、ヨゴト」から「まじない・のりと・うた・かたり」が発生したが、もとは魂から魂へと訴えかける行為であったことが説明されています。折口は「呪詞」こそ古代のフルゴト(古詞)の根本であったろうといいます。さらに「うた・呪(まじな)い・語り」は、発生の時点では同じ目的をもち、同じ働きをしていたであろうといい、それを「魂鎮(たましず)め」という古代人の思想であると説明しています。(中略)

子守歌や幼い子に語るまじないのような昔話の調子が、古代の神への祈りや祝詞の調子に似ているのは、宗教に深く関係しながら今日まで伝わったものであるからにほかなりません。つまり、語りの昔の形は、神との魂の交流と神への加護を祈る内容を含んで、人の声によって魂を鎮めるためのものだったということです。〉

このような意味と目的を持って生まれてきた語りは、当然のことながら、聞き手である神と、その恩寵に与(あずか)ろうとする人々を必要とし、思いを届ける人と場を必要とします(語り手と聞き手と場の発生)。洋の東西を問わず、神のましまず神域や神殿や祭事を行う広場、時代が下っては、権力者の宮殿や城砦、教会や寺院がその場として設えられ、巫や神官、僧侶、預言者、霊媒、生贄たちが人からのメッセージと祈りを神に伝え、捧げ、寿ぐ役割を演じました。

聖から俗へ──場の変遷

神を中心としたまつりごとは、時代の移り変わりとともに次第に世俗的な権力者によるまつりごとに席を譲るようになり、神聖だった祭事の形式化・芸能化が進みました。

〈そうした例で有名なのがアマノウズメノミコトの物語でしょう。天照大神が岩屋に籠もって世が暗闇に覆われた時に岩屋の前で踊りを演じ、大神（太陽）を引っ張り出すのに一役かった神様ですね。今でも神楽の元祖としてこの物語を演じる神社は数多くあります。『日本書紀』巻一からその一部分を少し引用しましょう。

又、猿女の君の遠祖、天鈿女命、即ち手に茅纏の矛を持ち、天石窟戸（＝天岩戸）の前に立たして、巧に作俳優す。（中略）顕神明之憑談す。是の時に、天照大神、聞しめして曰さく

要点をかいつまんで言えば、手に矛を持ち、髪飾りをつけ、踊り狂って神懸かりしたところ、不審に思った大神が顔を覗かせたということになります。ここで注目されるのは「巧みに作俳優す」という表現です。俳優という言葉が出てくる非常に早い例で、勿論現在の意味とは多少異なりますが、人前で何かを演じて見せるという意味では共通しています。また、ここに出てくる「猿女の君」は、祭祀に際して宮中で楽を奏し舞う仕事をする女性で、いわゆる巫女と重なる役割を務める芸能者です。

ウズメがその「遠祖」として位置づけられている点も、祭祀と芸能の歴史的な関係を現している

ものと考えられます。祭祀の中で、特別の役割を担う人物が芸能者となっていく。その過渡的な姿を反映したものと言えるかもしれません。〉（『日本古典芸能史』　今岡謙太郎　武蔵野美術大学出版局）

中世は、聖なるものから解き放されたさまざまな芸能が聖域や禁門から出て、民衆の生活の場である都市を舞台にして花を咲かせました。

〈小型のハープをたずさえ、城から城へと遍歴しながら英雄の武勇伝やロマンスを吟誦（ぎんしょう）したヨーロッパの語り手たち。また琵琶をかき鳴らし、町々、村々を巡り、独特の節回しで伝説や戦記を語った日本の盲目の芸能者たち〉（櫻井美紀、前出）

櫻井は、『ベオウルフ』『ニーベルンゲンの歌』『ローランの歌』等の叙事詩や武勲詩（ぶくんし）を楽器演奏や舞踊を伴いながら吟誦したジョングルール集団（フランスの大道芸人）やミンストレル（吟遊詩人）、主に「アーサー王伝説群」等のケルト系の物語を吟誦したバルド（神話や歴史などを詩歌で伝える役）たちについて、歴史学者の樺山紘一の論考「西洋中世の口承者をめぐって」（『口頭伝承の比較研究４』　弘文堂）を参照しつつ、こう記しています。

〈貴族に召し抱えられる地位の高いものから、宮廷を巡り領主たちに文芸を提供する「宮廷ジョングルール」または「宮廷バルド」と呼ばれた人々、そして街角に立って庶民に聞かせる芸能者まで、活動の場はさまざまでした。使用された楽器は、リラ、フィドル、ハープ等です。古くはアフリカのグリオ、またはケルトの語り部等の流れから出現した職業で、彼らは楽器の伴奏つきで物語を吟ずることにより中世の吟誦詩物語を成立させ、発展させたのでした。〉

民衆の楽しみの「場」

何かが始まるのを、今や遅しと待つ広場に群れ集まった人々の前でラッパが吹き鳴らされ、ドラムの連続音が期待を盛り上げる中、ときには処刑人が登場して刑を執行する、道化（クラウン）がおどける、王の伝達吏がお触れを読み上げる、街頭サーカスや街頭芝居が始まる、大道芸人の芸に小銭を投げる……、あるいは、木陰や焚き火を囲んで吟遊詩人や語り部の歌や語りに耳を傾ける……、あるいは、テント張りの見世物小屋や芝居小屋での物真似や話芸や歌舞音曲に見入る……、これらのお楽しみは、繰り返される日々に訪れる心躍る非日常的なひとときでした。

こうした芸能は、国家や都市の成熟と商人階級の台頭によって華麗さを加え、「場」も大規模なものになっていき、芸能に携わる人々の社会的な地位も次第に認知されるようになっていきます。

その例を、明治二〇年代に寄席の芸能としてお目見えして、またたく間に講談・落語の地位を脅かすに至った浪花節にみてみましょう。一二〇軒あった東京の寄席が、三〇年代にはほぼ半数が浪花節の常打ち小屋になっていたというのですから、いかに人気があったか分かろうというものです。その立役者が、桃中軒雲右衛門（一八七三～一九一六）で、出し物は「赤穂義士伝」でした。

〈明治期までの浪花節語りは、特定の台本をもたず、講談の聞きおぼえや、講談本（講談速記本）の読みおぼえによってネタを仕入れていた。小学校もろくに出ていない雲右衛門も、講談本ぐらいは読むことができたし、また、なによりかれは、門付け・大道芸人の巣窟である芝新網町――明治期東京の「三大貧民窟」のひとつ――で育ったのである。いわゆる新網芸人のなかには、大道講釈や辻講釈の徒がふくまれ、少年時代の雲右衛門が義士伝を聞きおぼえる機会はかず多くあったのだ。

桃中軒雲右衛門の本郷座公演の初日をつたえた『東京二六新聞』明治四〇年（一九〇七）六月八日の記事は、聴衆の熱狂ぶりについて、「開場早々さながら湧き返るが如く、…一齣ひとこま喝采来場に溢れ、ややもすれば講演の進行を妨げあらんとする程」と報じている。雲右衛門のメロディアスな声と、それがひきおこす津波のような喝采の嵐が、大劇場をうめつくした群衆を異様な陶酔と昂揚感にまきこんだのだ〉（『〈声〉の国民国家――浪花節が創る日本近代』兵藤裕己　講談社）

人々のどよめきと拍手が聞こえてくるようです。肥大化した「場」は、日清・日露戦争に勝利して高まった愛国心の火に油を注ぐ役割を果たしました。声の芸能も、語りの場もまた時代のあり方、人々の心性と無関係ではいられなかったのです。

子どものための語り

明治維新から本格化し始めた近代国家への脱皮の一環として、学校制度が導入され、少国民としての子ども集団が教化の対象として注目を集めることになりました。たとえば、小学校の体操の時間に、行進曲に合わせて隊列を組んで歩く練習が取り入れられたのですが、この授業のねらいは、当時の日本人のなんば歩き（右手と右足を同時に前へ、左手と左足は後ろへ出す歩き方）を西欧列強と同じく右手と左足、左手と右足を交互に出す歩き方に改めるためでした。なんば歩きでは軍隊の行進がうまくいかないからという理由でした。

子どもを対象とした文学や歌が盛んに作られるようになったことに呼応して、巌谷小波による口演童話の会が学校で開かれ、何百～何千という数の子どもたちが童話に聞きいったと記録されています。この口演童話は、昭和に入ると「教室童話」として受け継がれましたが、第二次世界大戦後、次第に勢いを失い、テレビなどのマスメディアの席巻でいつの間にか忘れられてしまいました。

再び、櫻井の所論を紹介しましょう。

〈現代の機械文明の発達を機に、人間同士が肉声でことばを交わすことが極端に少なくなり、機械的なコミュニケーションは人間の精神構造にさまざまな歪みを生み、その影響を深刻に受けたのは子どもたちでした。

一九七〇年代初頭には、そうした危機的な文化状況を踏まえて、いま育ちつつある子どもに語りを届けたいと、ボランティアの語りの活動が始まりました。子どもの読書をすすめる市民活動に携わるなかで、子ども文庫で「読み聞かせ」をする母親たちが、積極的に図書館のお話の講座に学び、地域で「子どもにお話を語る活動」が起こり始めたのです。やがて、その活動が地域と学校に受け入れられて、いわゆる「お話の出前」が盛んになったのは、一九九〇年代に入った頃からです。(中略)

現在は多くのボランティアの語り手たちが、地域での語りの活動を活発に進めています。語りの場は地域文庫・家庭文庫・親子読書会・図書館・公民館・コミュニティセンター・児童館・学童保育クラブ・子ども会の行事・保育園・幼稚園・小学校・中学校・高校・大学・大人だけのお話会・各種の児童施設・成人施設・老人施設・塾・書店・病院・教会・保健所・博物館などで、語りを楽しむ聞き手があれば、どこへでも出向いて語りを行っています〉(前出書)

他方、こうしたいわばパブリックな場(公共のという意味)での語りと並行して、家庭や私的な空間といったプライベートな場でも子どもへの語りは時代と洋の東西を問わず連綿と続けられてきました。たとえば、古来、文字を使わない暮らしをしてきた西アフリカの諸民族の場合……、

〈昔話のほとんどは、日が暮れて夜になってからかたられます。フルベ族は、「昼に昔話を語ると、食べ物が手にはいらなくなる」とか、「昼に昔話をかたると、ウシの乳がでなくなる」などといい、昼間にかたるのを禁じています。そこには、昼は労働、夜は休息というきまりがあるのです。サバンナ地帯には雨季と乾季があり、雨季は労働、乾季は休息とかんがえられていて、昔話は乾季によりおおくかたられます。

子どもが最初の昔話をきくのは、自分の屋敷のなかです。すこしおおきくなっていくと、近所の友だちのすむ屋敷にでかけていきます。屋敷のなかには、女のいる空間と、男のいる空間がありま す。幼年期には、子どもは女のいる空間にいることがおおいのですが、成長とともに、それぞれの性別の人のいる空間にいる時間がながくなります。

子どもが昔話をきくのは、年長の祖母や祖父のいる空間です。とりわけ、祖母の役割がおおきいのです。だいたい、西アフリカの家族は、わたしたちのかんがえているような核家族ではなく、拡大家族といわれるものです。拡大家族はサイズがおおきいので、昔話の語り手や聞き手にはことかきません。

おおまかにいうと、西アフリカの昔話の三分の一は、人間の家族が登場するお話です。この家族が登場するお話では、人がどのようにして、心の葛藤を解決しながら、人間らしい人間になっていくかがかたられています。これは、家族昔話といえるものです。そこには、おなじみの継母と継子、子どものない女、みなしごなどがでてきます。

家族のかかわる昔話には、なぜか歌がよくでてきます。これは歌をつかって、この話を印象づけるためではないでしょうか。

三分の一くらいは、動物の登場する昔話です。この昔話のなかで、動物の特徴をうまくとらえて、活躍させます。実際の話、動物が話しをしたり、人間のようにふるまうことはありません。じつは、動物をつかって、この世の話をしているのです。この動物話で、子どもはこの世間でどのようにしていきていくかまなびます。力のない気の毒な村人をシラミが演じます。道化の役は、いつも腹をすかせているハイエナがはたします。頭がよくて、すばやい知恵者の役はウサギやリスが演じます。しばしば、ウサギやリスは、その悪知恵のために失敗します。

次に精霊のでてくる話があります。残りは、世間一般の人の登場する昔話といえます。これには、王さま、王子、村人、男女、盗人、狩人などが登場します。要は、昔話の語りをつうじて、子どもが家族のなかでのあり方にはじまり、世間一般のことを心の深いところでまなぶというわけです〉

(『西アフリカ　おはなし村』江口一久　梨の木舎)

ヨーロッパ諸国でも日本やアジア諸国でも似たような形で、語りを通じて、子どもたちへ生きる知恵の伝承が行われてきました。

〈子どものころの記憶で一番古い記憶は何かと訊かれたら、私は、母が「ナーサリー・ライム」を読んできかせてくれたことと答えるだろう〉（『童話の国イギリス―マザー・グースからハリー・ポッターまで』ピーター・ミルワード・小泉博一訳　中央公論新社）

日本語の詩やエッセイでお馴染みのピーター・ミルワード（一九二五～）氏は、ナーサリー・ライムには、赤ちゃん向けの、①体の部分にじかに触れてそれと関連づけながら歌うもの、②歌詞にライム（韻）をつけてリズミックに歌うもの、言葉の意味が分かるようになった幼児向けのもの、③道徳的な教訓を含むもの、④ナンセンスなもの、があるとしていますが、日本のわらべうたにも多くの共通点があることに気がつきます。

ミルワード氏は、子ども時代にナーサリー・ライムから受けた印象の一例を次のように記しています。

〈マザー・グースというと、私の好きなナーサリー・ライムが登場するふたつが頭に浮かんでくる。

ひとつは、（英文歌詞省略）

ハバードおばさん
食器棚のところへ行った
かわいそうな飼い犬に骨をやろうとして
行ってみると
棚はからっぽ
それでかわいそうな犬は何も食べられなかった

というもので、哀れなハバードおばさんも、かわいそうな犬同様に食べるものがなくてひもじい思いをしているのだなあと私は思ったものだった。私は、ハバードおばさんも犬もかわいそうでならなかった。子ども心に、よこしまなこの世に生きる無垢な人々に塗炭の苦しみを与える貧困というものの象徴をそこに見ていたと思う。そのようにして、私は、善良なピューリタンの良心に従って、健全な道徳規範を教育されていたのだと思う。……〉（前出書）

ミルワード氏がそうであったように、幼子が人生で初めて出会う語りの場は、ゆりかごであり、両親の胸の中や祖父母とのふれあいの時間と場です。その至福の記憶が子どもに愛と生きる知恵と力を伝えるのです。

〈…母は、私の揺籃期からナーサリー・ライムを読み聞かせてくれた後、私たちの成長に合わせて、今度は、おとぎ話を読んでくれた。ただ、それがグリム童話であったか、あるいは、英訳されたペローのものであったか、アンデルセンのものであったかは定かではない。…おとぎ話は、散文である。そして、散文は、理性の黎明とともにやって来る。ナーサリー・ライムは、読んで聞かされるものだが、おとぎ話は母親や父親が読んで語ってくれるものである〉（前出書）

ミルワードが指摘するように、散文に出会う場は、子どもの成長に欠かせないものですが、最近の親の多くは、仕事で忙しく、理性の黎明期の子どもに自ら散文を読んで聞かせる余裕をなかなか持つことができません。ボランティアによる図書館や学校での読み聞かせは、それを補う語りの場として、大切な役割を担うに至っています。このことは、西アフリカのフルベ族の子どもがお話に接する場が成長とともに、自分の屋敷から近所の屋敷へ、さらに男女別々の空間へと変わっていくことと似て、期せずして子どもの世界を広げる役割を果たしているといえるでしょう。

変質する語りの場

これまでみてきたように、社会のあり方とライフスタイルの変容にともなって、語りの場もさまざまに移り変わってきました。変わったのは場のあり方だけではありません。人々が語りへ求めるものも変わり、多様化の一途をたどっています。

電子テクノロジーの進歩と普及によって、新しく登場したのがスマートホンやインターネット上の語りの場です。東日本大震災で通信インフラが崩壊したとき、スマートホンやパソコンのメールやツイッターが、被害情報や安否確認などの役割を果して人々をつないだことは、記憶に新しいところです。こうしたネット上に存在する語りの場で使われるのは、肉声ではなく、文字情報です。文字情報とはいえ、人々の意思や感情等を相互にやりとりするという意味では、語りの場の新しいあり方といえるでしょう。ネット上の語りの場はまだ未成熟で、情報の信憑性、発信者の匿名性、内容の反社会性に対する防御や未成年者の保護をどうするか等、いろいろな課題を抱えていますが、これまでの場の概念である、ある限定された空間で対面しながら時間を共有する場という枠にはまらない新しい可能性を孕んでいます。知恵を出し合ってメディアとしての成熟をサポートする必要があります。

では、伝承されてきたさまざまな語りの場は、これからどのような道を歩んでいくのでしょうか。『日本の放浪芸』など、大衆芸能に詳しかった俳優の故小沢昭一（一九二九～二〇一二）は、芸能の革新が起きるメカニズムを、次のように語っています。

〈…なぜ芸能は滅びていくのかを良く見てみますと、滅びるときに、必ず新しいものがそれに代わって出てくるわけでございますねえ。それも不思議に、この新しい芸能が生まれるときには、アマチュアがそれを担って出てきた、ということも分かってきました。

私は、芸能の場合、新しいものが生まれるというのは、ベテランがいろんなことをやった揚句に、「よし。こんどはこういう新しい、今までになかったものをオレがつくってやる」と、伝統の延長線上につくられるのかと思ったらそうじゃないんですね。

乱暴にいえば、それまであった芸能のことなどなんにも知らない人が、突然「アッハハハァ、ハァ」なんていう笑い方をやると、その「アッハハハァ、ハァ」というのが面白いというんで「アハハ芸能」というのが出現する、とかいうようなことでございますね。早い話が。いえ、それは、新しい観客が「アッハハハハ」と笑いとばすことを求めていたからなんですよ。…芸能はいつも人々の要望に応えて生まれている、客と一緒に生まれます〉（『民衆史の遺産④　―芸能漂泊民』所載「ものがたり芸能と社会・抄」　大和書房）

語りの場の革新も同じように、人々の要望に応えて進んでいくのではないでしょうか。

一例をあげると、高齢化社会の到来によって、これまで伝承の語りの担い手だったお年寄りが、立場を代えて聞き手となる事態が起きています。高齢者への語りといえば、いまのところは、幼児期に聞いた昔話やわらべうたといったノスタルジーを喚起するような世界を届けるのが定番ですが、これからは心身健常な人生の達人の要望に応えられる、知的レベルの高い世界を届ける場が求められるでしょう。

2　これから生まれてくる物語

語りの場とは

語りの場とは、広義には複数の人がいて互いに言葉のやりとりを行なう場所であり、二人以上の人が意志や感情や要求を伝えたり、知識や情動を共有したりするためにやりとりされる言葉には、さまざまな、目的、内容、スタイルがあり、人間の営みの基盤をなしています。

語り手と聞き手がいて、物語が「語られる」場は、そのごく一部であり、語りをなりわいとする者が現われ、口承文芸が芸能の一角を占めるようになってからのことです。

一方、くらしの知恵や約束ごとを、物語や箴言や言い伝えとして大人から子どもへ、親から子へと伝承する営みも昔から今日まで並行して行なわれてきました。高樹のぶ子（一九四六〜）氏の自伝的小説『マイマイ新子』（マガジンハウス）には、祖父から孫娘への伝承のありさまが鮮やかに描かれています。

〈草や雑木で覆われた小川が、北の山からまっすぐ流れくだってきて、田んぼの角をほぼ直角に折れ曲がったと思うとそのまま西に進み、またしても竹やぶにぶつかる。そこでふたたび直角に向きをかえ、少し川幅を広げると、今度は、ゆっくりゆっくりと海に向かうのだ。

小太郎は、九歳になる孫娘の新子に、この小川の話をした。これは自然にできた流れではなく、人の手で作られたものだと。

「…川というものはな、ふつうこんなふうに直角に折れ曲がって流れるものではないぞ。千年もの大昔、御先祖さまが作った川なんじゃ。ここはな、そのころ周防の国の都じゃった。今の京都のように、東西南北に何本もの道が走っとった。この国衙（こくが）という地名はな、国の都という意味でな。たぶん、その都を取り囲むように川を作ったんじゃろう。ここに大きな都があって、たくさんの人間がいそいそと歩いているのを想像してみるんじゃ」

小太郎は新子にその話をするとき、右目を細めて、千年も昔の景色を眺めるようにふんわりと笑った。〉

二人が「直角の川」と呼ぶ川幅二メートルの小川の上に設えられた藤蔓で編んだ棚は、家族から疎ましがられている祖父と孫娘の秘密の場所であり、二人は会話を通して心を通わせ合っています。まだ都市化が進んでいなかった昔は、こんな密やかで穏やかな時が流れている場所が家の内外に随所にあって、豊かな言葉が行き交っていたのです。

内なる思いを紡ぐ

二〇〇三年にノーベル文学賞を受けた南アフリカ生まれの文学者J・M・クッツェー（一九四〇〜）は、『少年時代』の中で七歳の男の子の心象風景をこう描いています。

〈アグネスの存在に初めて気づいたのは、彼が七歳のときだ。スッキペルスクローフに招かれた彼らは、長い列車の旅をしたあと、午後遅くなって到着した。雲が疾駆するように空を横切り、陽光に温もりはなかった。凍えるような冬の光の下に、フエルトが赤みがかった深い青をたたえて広がっていた。緑色のものは一切なかった。農場の家にさえ歓迎されていないようだった。…ほんの数ヶ月年上のアグネスが、彼の相手に割り当てられた。彼女がフエルトに散歩に連れていってくれた。アグネスは裸足だった。靴さえもっていなかったのだ。やがて家が視界から消えて、どこにいるかもわからなくなった。二人は話しはじめた。アグネスは髪をお下げに結い、舌たらずにしゃべったが、彼はそれが好きだった。遠慮が消えた。話しているとき自分が何語をしゃべっているのかを忘れていた。思いが彼の内部で素直に言葉になり、しかも透明な言葉になっていった。…

　ここフォーエルフォンテインでは、アグネスは狩りには連れていってもらえないが、その子とフエルトを自由に歩きまわったり、いっしょに大きな貯水池のなかで蛙を捕まえることはできる。アグネスといっしょにいるのは、学校の友達といっしょにいるのとは違う。それはやさしく、じっと話を聴いてくれる彼女の態度とどうも関係があるようだが、彼女のほっそりした褐色の脚や素足、石から石へ踊るように跳ぶその姿にも関係がある。…

　二人はあてもなく歩きまわり、大人なら首を横に振りそうなことについて話し合う。宇宙には始まりがあるのか、あの暗い惑星、冥王星の向こうにはなにがあるのか、神が存在するとしたらいったいどこにいるのか…〉（『少年時代』　くぼたのぞみ訳　みすず書房）

七歳の彼が旅先の田舎で出会ったいとこのアグネスと過ごした時間と場所こそ、クッツェーの文学者としての原点だったのではないでしょうか。

　人は誰しもが内に思いを秘めています。その眠っている思いを揺り起こす存在と力は、一人ひとりみな異なっており、それらとの出会いの機会とタイミングも一つとして同じではありません。彼がアグネスと出会い、二人が言葉を交わし合うなかから、物語が泉のようにこんこんと湧き出始め、アグネスは彼の内なる物語の産婆役を務めたのです。

　私たちの身近にいる子どもたちも思い思いに内なる思いを紡ぎながら生きています。その思いを引き出し、支え、寄り添いながら励ましてくれる、小太郎やアグネスのような存在を、子どもたちは必要としています。私たちは、その切実な思いに充分に応えているでしょうか。

　一九七二年に死去したアメリカのシュールレアリストのアーティスト、ジョセフ・コーネルが作ったオブジェ「箱」に寄せて書かれた美しい文章は、私たち自身が気づいていない私たちの内なる思いの深層=他者を求める渇望を的確に抉り出しています。

〈人はみな内に秘密の部屋をいくつも抱えている。ベッドがあって、誰かが顔を壁に向けて寝ている。部屋はどこも散らかっていて、明かりは消えている。その誰かの頭のなかにも、やはりいくつかの部屋がある。そのうちのひとつで、ベネチアン・ブラインドが、迫りくる夏の嵐に揺れる。時おり、テーブルの上に何か物が見えてくる―壊れたコンパス、真夜中の色をした小石、引き伸ばしたクラス写真（誰かの顔がうしろの輪のなかに入っている）、懐中時計のぜんまい。これらの品一つひとつが、自己の象徴だ。

すべての芸術は、自己が他者を求める渇望にかかわっている。我々はみな孤児であり、その孤児が、見つけた物を手当たり次第素材にして、自分のきょうだいを作る。芸術とは、少しずつ、難儀に、自分が他者に変容していくいとなみである。〉（『コーネルの箱』より「トーテミズム」チャールズ・シミック　柴田元幸訳　文藝春秋）

アイデンティティの希求

他者とつながりたい、一体化したい、認めてもらいたいという渇望は、自分が誰で、どこから来てどこへ行こうとしているかを知りたいというアイデンティティ希求の裏返しといえるのではないでしょうか。この渇望は、太古から連綿と今日まで続いています。

〈その後、地上の人々は、太陽が落ちていくほうへまっすぐ歩きはじめた。昔は、人々もじっとしていた。天の眼である太陽は動かなかった。眠ることもなく、いつも眼を開けて、私たちを見つめ、世界を暖めていた。その強い光をタスリンチは受けとめることができた。禍も、風も、雨もなかった。女たちは清らかな子供を産んだ。何か食べたければ、川に手を突っ込むと、尾鰭をはねたサバロをつかむことができた。狙いを定めずに矢を放ち、山に踏み入ると、そこにシャクケイや、しゃこや、トロンペドロが矢に当たっていた。食べ物がなくなることは決してなかった。争いもなかった。川は魚であふれ、森は動物でいっぱいだった。マシュコ（他の部族）もいず、地上の人々は強く、賢く、穏やかで、結束していた。安らかで怒りもなかった。それが昔の人々の暮らしだった。〉（『密林の語り部』バルガス＝リョサ　西村英一郎訳　岩波文庫）

アマゾンの密林に住む未開部族の語り部が伝える昔の暮らしの一部です。まだ文字を持たない人々が自分たちの世界のルーツに耳を傾けている姿が目に浮かびます。こうした語り部がかつてはどこの民族にもいたということ、語り部の語りが人々を束ね、人々もまた語りを強く求めていたということです。

二〇一〇年にノーベル文学賞を受けたペルーの作家マリオ・バルガス・リョサ（一九三六〜）は、一九五八年に奥地のインディオを調査し、語り部の存在に強く惹かれました。〈すべての由来を知っている者は、知恵を授かった者である。私はいくつかの動物の来歴を知った。昔はみんな人間だった。彼らは話されて、つまり言葉から生まれてきた。言葉がかれらより先にあった。それから言葉が言ったことが生じた。人間が話すと、話していくことが出現した。昔はそうだった。今はただ、語り部は語るだけだ。動物や物はもう存在している〉という語り部の言葉を通して、バルガス・リョサは、物語の持つ意味、言葉が秘めている何かを産み出す能動的な力について私たちに問いかけています。

語り部とは誰だったのか

昔、人々は語り部の言葉によって世界を受胎しました。その語り部は、人々の知りたいという渇望によって存在を獲得したのではないでしょうか。言い換えると、語り手とは、人々の渇望そのものを体現している存在といえるでしょう。

世界に始まりがあれば、終わりも必ずやってきます。そんな時、言葉は何を伝え、人は言葉から何を受け取るのでしょうか。アメリカの作家コーマック・マッカーシー（一九三三〜）は、原因不明の災厄で文明が崩壊した世界で必死にサバイバルの旅を続ける父と息子が、絶望のさなかでなお人間性を失うまいとする姿と対話を描いています。

〈ぼくが死んだらどうする？／パパも死にたくなるだろうな。／一緒にいられるように？／そう。一緒にいられるように。／わかった。〉

廃墟の中を、狂暴化した人から身を守りながら二人は暖を求めてあてのない旅を続けます。

〈あの人たち殺されるんでしょう？／ああ。／なんで殺さなくちゃいけないの？／わからない。食べちゃうの？／わからない。／食べちゃうんだよね、そうでしょ？／そうだ。／でも助けてあげられないのはぼくたちもたべられちゃうからだよね。／ああ。／だからぼくたちには助けてあげられない。／そうだ。／わかった。〉

極限状態でも善の心を失うまいとする少年…。一時も気を抜くことができない時間の合間を縫って交わされる短い言葉のやり取りに託して、父親は少年に「希望」と「善意」を手渡そうとし、少年は懸命に「信頼」を返そうとします。

物語は、やがて盗賊が放った矢で脚に傷を負った父親の死でクライマックスを迎えます。

〈少年はそこに坐って長いあいだ泣いていたがやがて歩きだし森を抜けて道に出た。…すると誰かがやってきた。少年は身をひるがえして森に戻ろうとしてやめた。…きみたちはよくここまで来たもんだと思うよ。でもきみはおれと一緒に来るべきだ。そうすればきみは大丈夫だから。／おじさんがほんとに善い者だってどうしてわかる？／それはわからない。賭けてみるしかない。／おじさんは火を運んでる？／なんだって？／火を運んでる？…／ああ、おれたちは火を運んでるよ。…／おじさんたちは人を食べないんだね？／ああ。おれたちは人を食べない。／ほんとに一緒に行っていいの？／いいよ。一緒に来ていい。…〉（『ザ・ロード』黒原敏行訳　早川書房）

少年は父親に別れを告げ、南下の旅を続けようと見知らぬ男女と歩きはじめます。死んだ父親が手渡してくれた「希望」と「善意」に勇気づけられながら。

以上、御紹介した文学作品に描き出されていた「語りの場」には、共通して「生きることへの希望」と、希望を支える「愛」と「善意」がありました。

物語は、それらを次代へと運ぶノアの方舟で、語り手は、洪水のあとの大地のよみがえりを告げる白い鳩だと思うのです。

3　子どもに寄り添う

子どもの目と心を持つ代弁者

子どもに文化を手渡す仕事をしている大人は、誰しもが子どもと同じ立ち位置で子どもに寄り添いたいと願いながら子どもに向き合っています。でも、残念ながらそのつもりの場合もあり、また、全然そんなことには無頓着で、自分の価値観を押し付ける上から目線の人もいないわけではありません。たとえ、満面の笑みを浮かべていても、どんなに美辞麗句を並べてみても、反対に無愛想で、口下手であっても、子どもたちは鋭くその人の本性（子ども観）を見抜いて、心を閉じたり開いたりする能力を生来備えています。その大人が子ども好きか嫌いかを瞬時に感じ取る本能的な力は、身を守るために備わっているのかもしれません。

おはなし、読み聞かせ、手遊び、紙芝居等、子どもに文化を手渡す時に、私たちが子どもたちから問われているのは、①手渡そうとしている文化の選び方、②その読み解き方、③読み解いたメッセージの伝え方等が子どもに寄り添っているかどうか、ということです。

では、子どもに寄り添うとは、どのようなことなのでしょうか。それは、私たちが子どもの目と心を持ち、子どもの想いの代弁者となることではないかと思います。

一九八〇年にエリナー・ファージョン賞（優れた児童文学作品に贈られるイギリスの賞）を受けたニュージーランドの評論家で子どもの読書指導家のドロシー・バトラー（一九二五～）が編纂したアンソロジー（選集）

『みんな　わたしの──幼い子どもにおくる詩集』（岸田衿子・百々佑利子訳　のら書店）をひもときながらご一緒に考えましょう。

手渡す文化を選ぶ

バトラーは、詩集の「はじめに」を、〈詩と子どもは、たがいに切りはなせないものです〉という一節から書き起こしています。なぜなら、赤ちゃんは胎内にいるときから母親や父親の声や歌を通して声のひびきとリズムに慣れ親しんでおり、生まれた後もゆすられたり、あやされたり、子守歌を聞かされたりしているから、というのです。親が子にあたえうる最上のものの一つは、思考と想像と自己表現の道具であると信ずるバトラーは、親の肉声によるコミュニケーションと詩がはたす大切な役割について次のように述べています。

〈電気じかけのざわめきとちらちらした映像にあふれる現代の暮らしでは、もっともよいもののいくつかが押しのけられる危機にひんしています。多くの子どもたちにとって、ことばは決して、ゆかいなことや驚異や考えを楽しく運ぶものにはなりません。ことばとは、本来そういうものなのですが。

めんどうなことに、ことばは正確であり、明瞭に聞きわけられる必要があり、神経を集中して聞きとるべきものです。子どもたちがテレビのスクリーンからひろい集める「おおよそ」の理解は、ことばにかかわる理解の代わりとしては貧弱です。子どもにふさわしいのは、もっと良質のものです〉

そして、その良質なものとは、

〈人生のごく初期にそれをあたえるもっとも容易な手だては、押韻詩（おういんし）と遊びことばとシンプルな詩で子どものまわりを満たすことです。

その理由は？　それは、子どもたちが、このような心はずむ形で用いられることばを耳にするのが大好きだからで、自分でもすぐに詩をおぼえてしまうからです。そのおかげで、子どもたちは、なめらかに話す習慣を身につけ、語いを豊かにし、ことばが考えを伝える経過を理解し、日々の暮らしは生き生きとします〉

バトラーは、こうした考えから詩を選びました。

詩に秘められているメッセージを読み解く

詩のいくつかを紹介し、その詩に秘められたメッセージを読み解いてみます。

とだな

ウォルター・デ・ラ・メア

あそこに　あるよ　ちいさな　とだな
ちっちゃな　かぎが　ついてるの
びんのなかの　ぺろぺろあめは
わたしの　わたしの　みんな　わたしの

そこについてる　ちっぽけな　たな
なかは　まっくらくらだけど
バンベリーケーキの　のった　おさら

わたしの　わたしの　みんな　わたしの

ちいさい　まんまるな　おばあちゃん
ひざの　うえは　とても　らくちん
とだなの　ばんにん　おばあちゃん
かぎの　かぎの　かぎの　ばんにん

わたしが　とっても　いいこに　してれば
とびきり　いいこに　してれば
バンベリーケーキと　ぺろぺろあめは
わたしの　わたしの　みんな　わたしの

この詩を聞いた子どもたちは、リズミックにくりかえされることばに、大好きなお菓子を思い浮かべてわくわくしながら口の中にわいたつばきをごくんと飲み込むことでしょう。お菓子がテーマであることの他にも子どもをうっとりさせる秘密のメッセージが隠されています。それは、〈わたしの　わたしの　みんな　わたしの〉という繰り返しで、特に〈みんな〉という強調部分です。子どもは本来自己中心的な存在ですが、〈とびきりいい子にしていれば……〉とあるように、ちいさなまんまるなおばあちゃんに象徴される大人から常に自己中心性を抑えつけられています。この詩は、ちょっとがまんすれば、欲しいものが手に入るよ、というメッセージを子どもに寄り添って発している、そのことが子どもの心をつかむのです。

ちいさな　こびと　　ジョン・ケンドリック・バングズ

いつだか　こびとに　あったっけ
かぜに　ゆれる　ゆりの　のはらで
なぜ　ちっちゃいのと　きいてみた
なぜ　おおきく　ならないのって

こびとは　ちょっと　しかめつら
わたしを　じろじろ　みて　いった
「ぼくは　ぼくに　ぴったりの　おおきさ
きみが　きみに　ぴったりなのと　おなじ！」

子どもたちは、いつも自分の小ささを意識させられています。大人が褒め言葉として使う「かわいいね」も、子どもには「ちいさくてかわいいね」と言われているように聞こえます。「大きくなったらね」「まだ早すぎるよ」「ずいぶん大きくなったわね」など、大人が何気なく使っている声かけは、「ちいさいね」と言っているのと同じです。ですから、四、五歳を過ぎたころから、「かわいいじゃなくてかっこいいっていってよ」と抗議する子も出てくるのです。

子どもは、小さいことに満足しているのではありません。早く大きくなりたくてたまらないのです。この詩は、こびとを相手にいつも自分が言われている言葉を使ってみたところ、予想と違ってこびとから、〈ぼくにぴったりの大きささ。きみがきみにぴったりなのとおなじさ〉と言い返されてしまいます。

この詩の隠されたメッセージとは、それぞれがそれぞれの大きさでいいんだよ、子どもは小さいことを恥ずかしがったりひけめを感じたりしなくてもいいんだよ、ということです。この詩を聞いて、子どもは子どもであることに自信と誇りを持つことでしょう。励ましのメッセージから勇気と自信を受け取るに違いありません。
次の詩は、もっと小さくなったらどんなに楽しいことが起きるかを想像させるファンタスティックな内容です。

もしも　ぼくが　ちいさけりゃ　　　ベアトリス・シェンク・デ・レニエイ

もしも　ぼくが　ちいさけりゃ
もしも　とっても　ちいさけりゃ
ねずみが　ぼくの　うまになる
ぱっぱか　とぶように　はしらせる

もしも　ぼくが　ちいさけりゃ
もしも　とっても　ちいさけりゃ
あめでも　そとで　あそんじゃう
ちいさな　みずたまりで　およいじゃう

ぼくが　ねるのは　くるみのから
それは　すてきな　ベッドだから
はなびらを　まくらに　するだろう
ぼくの　あたまを　のせるだろう

ああ　やりたいことが　いろいろ　あるな
とても　とても　たくさん　あるな
もしも　ぼくが　ちいさけりゃ
もしも　とっても　ちいさけりゃ

この詩の素晴らしさは、「もしもぼくがとっても小さけりゃやりたいことがいろいろとてもとてもたくさんある」という、子どもたちの際限もなく広がる空想を、馬鹿げているとか、夢もいい加減にして現実を直視しなさいといった大人の論理で否定することなくまるごと受け止めているところです。子どもが心を開いて受け取るのは、こうした子どもに寄り添ったメッセージなのです。

『くまのプーさん』の作者、A・A・ミルン（一八八二〜一九五六）の次の詩は、子どもの成長の自覚のあり方を各歳ごとに一言で見事にとらえきっています。

おわり

A・A・ミルン

ぼくが　一つのとき
ぼくは　はじまったばかり
ぼくが　二つのとき
ぼくは　しんまいみたい
ぼくが　三つのとき

ぼくは　まだ　ぼくらしくない
ぼくが　四つのとき
ぼくは　たいしたことない

ぼくが　五つのとき
ぼくは　かつやくしはじめた

でも　いまは　六さい　ぼくは　なんでも　しってる
だから　これから　ずっと　六さいだとおもうな

最後の行の〈これからずっと六歳だと思う〉という表現からは、現在を生き切っている子どもの充実感と肯定感が伝わってきます。子どもは七歳になった時にはじめて、「ぼくは　七さいのとき……」と自分の歩みを記述することでしょう。

バトラーは、アンソロジーに収めた詩について、〈私は、家族のいちばん幼い者が好きになるかもしれないと思う詩に出会うと、いつも読んで聞かせるようにしました。その詩がお気に入りになったあかつきには、手で書き写し、家族の好きな詩を集めた古いフォルダにくわえました。ためらわずにいえることはただ一つだけ、どの詩も、「自分の」家族の幼い子どもたちに読み聞かせ、気に入られたものだということです！〉と述べています。

子どもに寄り添うことで、子どもたちの世界が広がり、子どもたちの目の輝きが語り手に語る喜び、生きる楽しさをもたらしてくれるのです。

4　障がいと語り

隣りにいる人と

顔つき・体つき・肌の色・声・運動能力…といった肉体的な特徴、飲食物の好み・音楽・読書・スポーツ……といった嗜好・趣味、住まい・職業・社会参加……といったステータス・ライフスタイル、宗教・思想・価値観・倫理観…といった人間観・世界観、母語・国籍……といった生まれつき条件づけられたもの等々、私たちは同じ人類でありながら一人ひとりがみんな異なった存在であることを意識の根っこのところでは認め合って生きています。

ところが、その異なった存在が対立や排除や差別や争いを招いてしまうことがしばしば起こります。身体的な障がいや精神的な障がいも古くからその一つでした。詳しくは触れませんが、「ばけもの」「奇形」「瘋癲（ふうてん）」「きちがい」…といった、いわゆる差別的な表現で囲い込み、日常の生活から排除・抹殺した歴史が、洋の東西を問わず厳然と残されています。

障がい者が社会的に認知されるようになってきたのは、二十世紀も半ばを過ぎた頃からで、ノーマライゼーション（正常化）とかインクルーディング（包摂）といった共生の概念がいきわたってきた今日でも、残念ながら健常者と障がい者の間の溝は完全には埋まっていません。

そして、隣りにいる人との溝に橋を架けるものこそ「語り」だ、と私は信じています。

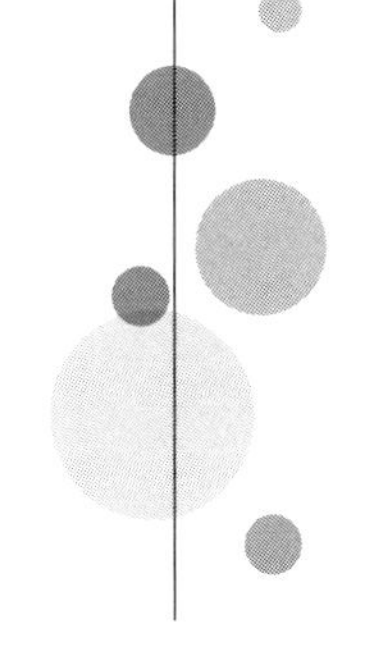

障がいとは

まず、「障がい」を正しくとらえるために法律をひもときましょう。

障害者基本法の定義によると、障害者とは、「身体障害、知的障害、精神障害（発達障害を含む）その他の心身の機能障害がある者であって、障害および社会的障壁により継続的に日常生活または社会生活に相当な制限を受ける状態にあるものをいう」とあります。

身体障害者には、視力障害、聴覚または平衡機能の障害、音声機能、言語機能、咀嚼機能の障害、肢体不自由、重篤な心臓、腎臓、呼吸器機能の障害を持つ者とされています（身体障害者福祉法4条）。

精神障害者とは、精神分裂病、精神作用物質による急性中毒、またはその依存症、知的障害、精神病質、その他の精神疾患を有する者をいう（精神保健および精神障害者福祉に関する法律5条）とあり、知的障害者については特に明確な規定はありません。

発達障害者とは、発達障害を有するために日常生活または社会生活に制限を受ける者、とあります（発達障害支援法2条2）。よく「障がいも一つの個性です」という言葉を聞きますが、私たちの個性同様に、障がいもその人の持つ個性であり、「障がい者」としてひとくくりにはできないことをしっかりと理解して向き合わなくてはなりません。

竹内敏晴さんの本を読む

もう亡くなって久しい『ことばが劈かれるとき』（筑摩書房）の著者・竹内敏晴（一九二五〜二〇〇九）さんには、住まいが近かったこともあって親しくさせていただき、言葉と身体について大切なことをたくさん教えていただきました。竹内さんは、劇団ぶどうの会などの演出家として活躍されると同時に、ご自身の聴覚・言語障がいの克服経験から生みだした「からだとことばのレッスン」で障がいに苦しむ子どもや若者たちに救いと励ましをもたらした方です。

その竹内さんの著書『子どものからだとことば』（晶文社）から障がい者と私たちの間に横たわる溝に橋を架けるヒントを読み取ってみたいと思います。

ケース①　言葉が出ない子を特殊学級（特別支援学級）に入れるかどうかの相談を受けたので一般学級に入れるように勧めたところ……、

〈……その子は入学しても相かわらずしゃべれない。もちろん友だちづきあいも少なかった。ところが、ひとりだけ仲よくなった子があったそうです。遊んでいるのを大人が聞いていると、その子が友だちになにか言うことがある。ところがろくに音にならないし、ボッボッしかしゃべれないから何を言ってるかわからない。それなのにこの二人の間ではお互いに話が通じているらしい。時には、その友だちが、○○ちゃん、それはそう言うんじゃないよ、こうだよなんて言って、発音を訂正したりしていることがあったそうです。そういう状態が何ヶ月か続いた。その間に目立った変化はなかったと親には見えたようだけれども、ある朝突然に、その子がしゃべり始めた。それからどんどんしゃべるようになったと、こういうことです。

日高敏隆氏（動物行動学者一九三〇～二〇〇九）に、鳥のことばは、人間のあくびに似ているという短い文章があります。私たちヒトがいささか長いこと話し合ってくたびれてきたといったような状態、その時に、だれかがウーッとあくびをすると、こっちもとたんにウーッとあくびがしたくなる、つまり同じ生理状態になってしまう。鳥のことばのあり方はこれと同じだそうで、一羽がギャーッと叫んで動くと、そのからだの状態が、そのまま他の鳥に移る。

子どものからだには、この鳥のことばのように、からだの共生性というか、同じリズムで生き、同じ呼吸で弾むという可能性を、大きく持っているのではないか。〉

乳児の一人が泣きはじめるとみんなも泣きはじめるといった行為が伝染する様子は、子育て現場でおなじみですが、この状態を竹内さんは、〈……うた＝ことばは、個のからだの閉鎖性、孤立性を越えて他者へ突破してゆき、ひとつの共生態を回復すること、つまりはひとつの共同体への呼びかけとしての機能を持つのだろう。より発生的に素朴に言えば、ひとつの共同体が、共通のある感情、生理、つまりはからだ全体が共通のある状態に入ったときに、共通のリズム、共通のメロディでからだが動き、声が発せられるということが始まったのだろう、と思うのです〉と書いています。盆踊りや民謡の踊りでの経験からも大人の行為にも当てはまるのではないでしょうか。

また、同じことが身体的な障がいにもいえそうです。私が関わっている保育園の三歳児で歩行障がいがあり介助を必要としていた女児が、健常児と過ごしているうちに特に治療的なトレーニングをすることもなく次第に自力で歩けるようになって、五歳児での運動会ではスピードこそ出せないもののリレーでゴールまで完走しました。おそらく友だちのふだんの声かけやあそびが彼女のからだの中に共生態としての力を呼び起こしたに違いありません。

教室には、自閉傾向でことばがうまく出ない子どもがいます。

〈……ある時、自閉的な言語障害児を見ていた人が、その子には、話しかけたいという意欲がまるでない、とすれば、これはどうにもならないのではないか、と質問したことがあります。しかし、その質問は、逆立ちしている。自閉した子どもは、からだ全体で、私はあなたと話したくない、あなたとつき合うのが怖いと、叫んでいるのだ。それほど明瞭に語っているからだをつかまえて、話す意欲がない、とは、子どもが他者に対して何を以て語っているか、ということについて、ひどく狭い、片寄った理解しか持っていない、ということを意味している。残念ながら、これは、現代の、少なくとも学校の場においては、もっとも普通な公式的な見解だろうと思います。〉

周りがことばが出ない状態を「話す意欲がない」と思い込むことが、その子の言語障がいを誘発し、障がいを忌避することにつながっているのではないかということです。

「ことばの教室」にあるダウン症児が訓練を受けに来て、カードの一枚に異常な興味を示し、「キュ、キュシ」と繰り返しつぶやいている状態に教師がみせた対応について竹内さんは

〈教師は、「そうキュウキュウシャだね、よくわかったな」と言って、カードを黒板にはってやったのです。子どもは、そこにへばりついて、一所けん命何か先生に言っている。「これを見たことがある」か「乗ったことがある」か、そういうことらしい。教師はていねいに相手になってやっていたのだけれども、「じゃその話はそこまでにして、こっちをやろうね」と言って、次の課題へその子どもの注意を向けようとした。ところがその子は、全くその気がない。教師はいささかあせってきて、床に座りこんで、さまざまに働きかけるのだけれども、その子は、ふり向かない。そのうち突然黒板を離れて部屋の隅に行って、なにかいじったりした、がまたすぐ戻る。そうこうしているうちに子どもが、セキを始めたのです。のどにつまったものを吐き出すみたいな、セキというよりセキばらいです。すると、教師が、「おかしいな今日は、○○ちゃんカゼひいてるのかなあ」。そのセキの意味はハッキリしすぎる位なんだけれども、教師にはそれが見えない。で、肩を抱いてひっぱったりしているうちに、その子はいきなり机へデンとこしかけて、ウワァーッと叫び始めた。教師がどうにか聞き分けて、「オ、シ、マ、イ? そう、もうオシマイにしようね。この針がここまできたらオシマイにしよう。だから、それまでこれをやろうね」。もういっぺん粘ってみたわけです。とたんに子どもは、ワァーッとどなり始めて、けとばして、歩きまわって、手に負えなくなってしまった。子どものセキは明らかに、自分のからだの中に受け入れられないものを吐き出すというアクションです。吐くということについては、スイスの精神医学者ビンスワンガーの有名な研究がありますけれども、この場合のセキは吐く行為の前駆とみることができる。子どもにとってこの状況がどんなに「のみこめない」ものか、ということを、からだが明確に語っている。これは「からだ

が語ることば」です。〉（前出書）
この教師の対応に似たことを、私たちも無意識にしてはいないか、反省すると同時に、障がい者がさまざまな仕方で発信しているメッセージを読み解く感受性を磨かなくてはなりません。

からだのことばを傾聴する

これまで読んできた竹内さんの本に出てくるケースは、障がい児とその周りにいる大人との微妙かつ重大なズレを明らかにするものでした。そのズレは、ことばは声を介して発せられるもの、という大人側の思い込みとからだが発することばへの読みとり能力の不足からきています。

では、障がい者とのズレを解消するには、何が最も必要なのでしょうか。

〈人はそれぞれ独自の世界に生きている。それら互いにズレた世界を共通の場へと劈くには自らのありあわせの思考とイメージを捨て、他者へ向かい、学ぶ、想像力が要るのである。〉

思い込み、偏見、既成概念から自由になり、学び、想像力を働かせる……、その具体例として、竹内さんは一人の吃音の青年との出会いから学んだことを、次のように紹介しています。

〈たしか「通りゃんせ」だったか、歌を歌いながら、相手に働きかけ、手まねきしたり、誘ったりする課題の場だったろう。かれが実に晴れやかに、キャッキャッとはしゃぎながら、相手の手をひっぱったり、あべこべに逃げ出したり、遊んでいる。近づいて、こうしてみたら、と助言すると、「え」とうなずいて、はずむようにやってみる。トチると大声で笑う。私は感心して、いい動きをしている、やわらかいからだしてるね、と言って、それだったら声はスッと出るだろう、その働きかける動きのまんま相手に言いかければいいんだ、そら、と促してみた。らくに、さあっと声が流れ出る。うまい、と思わずほめた。すると、スッとからだの動きが止まって、棒立ちのようになった。「面白い?」とたずねると、「エ、エッ」と今までと打って変わったひっかかる発音。はてな? と思った。私は吃りの友だちはなん人か知っている。その人たちのからだは、一様にある種の緊張を示している。ほとんどが対人恐怖と言ってもよいと思うけれども、中には、声を発しなければならぬという必死の思い込みのエネルギーが内へ向かって硬直に近い緊張をしている場合もある。しかし、この青年は、今まで私が知っている吃りのからだとは大分違うなあ、という感じが残った。〉

その後、竹内さんは、彼の治療にあたっている担当者の話で、彼が昨年父親を亡くしたこと、兄が家業を継ぎ、彼は家事を手伝うことになったが、それが重荷になっていること、それでも積極的に習い事に通って免状を取り、褒められていること等を知ります。

〈聞き終わった時、私の口から思いがけず「あの人は吃りが癒りたいと思っているんでしょうかねえ」と半ばひとりごとがぽろっと出た。座が一瞬シーンとした。私は思わず出してしまったことばにむしろ導かれるような思いでポツリポツリ昨日からのかれについての印象を語っていった。かれのからだの個体としての柔軟性と、対人関係を意識した瞬間の仮面の硬直性について。

ややあって、一人が「なるほどねえ、吃りのままでいればらくだものねえ」と呟いた。「家の仕事も逃げられるし……」「障害があるのによくやるって、講習の人たちからほめられるしねえ」ほかの人がつけ足す。「考えてみます」医師が重い口調で言った。〉

ここで、竹内さんは、医師たちとのズレについてこう述べています。

〈一つの、症状と呼ばれる現れを、医師は病=欠陥と見る。しかし私にとってはそれはまず、その人=主体の生きざま、表現として立ち現れる。そこにあるのは、自らがこの世でどうにか生きやすいようにおのれを調整し、支えているからだである。言語の障害によって弱者視されるものが、その症状を楯としてなんとか自らを守ろうと図る場合も充分ありえよう。――一つの症状は健常者から見れば異常であるから、それはなお(直・癒)し、「正常」に戻すべきものであり、当事者もまたそ

うなることを熱望しているはずだと思い込んで疑わないのは、健常者が無意識のうちに抱きやすい偏見ではあるまいか。〉

竹内さんが鋭くえぐり出した誰でもが陥りやすい偏見にとらわれないようにするには、自らを相手の身に置き換えて感じ、対応し、その結果を予測するという想像力を身につけることが必要です。障がい者（児）と向き合う時の最も大切な基本マナーは、想像力をフルに働かせて、からだが発していることばを読み解くことではないでしょうか。

からだと声とことば

竹内さんは、からだと声とことばは一体のもので切り離すことはできないと言います。

〈からだと声とことばとは、一つになって他者に呼びかけてゆく。存在としての「わたし」のからだ全体が働きかけてゆくので、話しことばとはその音声的部分に過ぎない。……ほとんどだれも、他の人にからだごと呼びかけていないのだ。ただ口先で音を送り出しているばかり。人と人とが話し合っているように見えても、声と声はそれぞれ別々に宙に散ってゆき、ことばとことばは行き違ったまま相手のからだから逸れてゆく。これでは、人が人にほんとに話しかけていることにならないじゃないか。……初めから自分の身のまわりにただようばかりで決して他人の方に向かって出て行かない声がある。相手のからだのはるか彼方へ飛び越していってしまう声がある。おずおずと相手のからだに近づいて行くのだが、すっと戻ってしまう声がある。

よく見ていると、それは、まさにことばを発する人のからだの動きそのままが声の動きとして現れているのだった。声とことば以前に、からだが語っている。人の全存在としての「からだ」が、人に「ふれる」ことから逃げている。わたしは一所懸命この発見を語り、どうしたらじかに、他人のからだにわたしのからだがふれていけるか、そして応えることができるかを探ろうとした。言いかえれば「逃げているからだ」に自ら気づいて、それを突破してゆく方法を見つけ出そうとしたのだ。〉

竹内さんは、自分がしていることを、〈わたしは二十年来、息を深くし声を広げ話しことばが豊かに生まれ出る手助けをしている——「声の産婆」だ〉と書いています。

「声の産婆」は、障がいを持つ人だけでなく、健常者にも必要です。お互いの心に橋を架ける声を獲得しようという強い意志と粘り強い努力の積み重ねが求められるのです。

治療としての語り

次に、心の病を抱える人にとって「語り」がどのような意味を持っているか考えてみましょう。

臨床心理学者の河合隼雄は、『物語を生きる——今は昔、昔は今』（小学館）の中で、人間と物語の関係を次のように述べています。

〈人間は自分の経験したことを、自分のものにする、あるいは自分の心に収めるには、その経験を自分の世界観や人生観のなかにうまく組み込む必要がある。その作業はすなわち、その経験を自分に納得のゆく物語にすること、そこに筋道を見出すことになる。筋（プロット）があることが、物語の特徴である。事例を「報告」しているとき、ただ事実を述べているように思っていても、それが治療者の心のなかに収まる道筋を持っているという点で、それは知らず知らずのうちに、ストーリー・テリングになっているのだ。

こんな考え方をしていくと、そもそも心理療法というのは、来談された人が自分にふさわしい物語をつくりあげていくのを援助する仕事だ、という言い方も可能なように思えてくる。たとえば不安神経症の人は、その不安が、なぜどこからくるのかわからない故に悩んでいる。その不安を自分の物語のなかにいれて、納得がいくように語ることができない。そこで、それを可能にするためには、いろいろなことを調べねばならない。自分の過去や現在の状況、これまで意識することのなかった心のはたらき、それらを調べているうちに、新しい発見があり、新しい視点が獲得される。その上で、全体をなるほどと見渡すことができ、自分の人生を「物語る」ことが可能になる。そのときには、その症状は消え去っているはずである。……心理療法家の仕事のひとつは、来談した人が自らのアイデンティティを探求していくのを助けることである。このことは、「自分の物語」の創造ということと同義語と言っていい〉

人が生きていく上で「物語」を必要としているということは、語り手自身が誰よりもよく知っているはずです。その「物語」が壊れてしまっている、あるいは壊れようとしている不安に苛まれている状態が心の病であるということと、そして、その建て直し、あるいは補強が「物語療法」であり、聞く・語るという行為には治療的な意味があることが理解できました。

医師やセラピストやカウンセラーのような専門的な知識とスキルを持っている人でも、患者の症状の転移が起こることからも、安易な関わりは避けるべきで、もし関わるとしたら専門家の訓練を受け、その指導の下で関わるように心がけましょう。

治癒のプロセス

物語の起承転結と同じようなプロセスが精神療法にも見られると、精神医学者の北山修（一九四六〜）氏はいいます。（「二者物語と三者物語―臨床家の表現論」『語り・物語・精神療法』所収　日本評論社）

〈最近では精神療法の仕事が「人生物語を紡ぐこと」そして「人生を語り、語り直すこと」と言われるようになり、本来これは再構成と言われた仕事であり、これに伴う語りや物語化が言葉によって促進され担われる活動であることが強調されています（Shafer,R.）。文学的比喩を使うなら、人は重要な他者と過去に経験した出来事を心の台本として取り込み、これを相手役を変えながら繰り返すのですが、その心の台本を分析者との関係における反復を活用して読み取るのが転移解釈であり、さらに新たな人生物語を紡ぎ出すよう援助するのが精神分析技法の基本なのです。……また臨床報告にも、すでに物語の形式というものがすでに起承転結が、説得力や面白さのための美しいひとつの形式であるように。

たとえば病んだ患者が治療の場にやってきて、次いで治療者自身が病んでしまい、この治療者が治ることを通して患者が治るという物語展開、……起で患者の投影、これを承けてセラピストの行動化、そして転でセラピストの気付き、結は患者の気付きということになります。……傷ついた人が医者のところにやってくるが、実はそれを見る医者が傷ついていて、医者がまず自分の傷を癒すと、それに応じて患者の傷も癒えるというお話が今の精神分析では流行りで、今もっとも説得力がありま す。〉

患者と治療者、あるいは語り手と聞き手にとって、お互いの存在はどのようなものなのでしょうか。国文学者の小森陽一（一九五三～）東大教授は、「癒しの語り」（『語り：つむぎだす』―越境する知2所収　東京大学出版会）でこう述べています。

〈さまざまな受け手とのかかわりの中で、語り手は、その場において、ことばにできなかった苦難を経験しつづけてきた自己に、現在時からの一貫性を見出していくことが可能になる。そして、苦難から救済への物語を構築できた瞬間、自らの言葉による自己の癒しをつかみとることができる。同時に受け手は、他者の語った物語をひとつのモデルにすることによって、自らの状況を救済へと克服している可能性を学ぶ。もちろん自らの苦難と他者の苦難はおなじであるはずがないのだから、その学びは、自らの言語的実践をとおして、自分の苦難の経験を語りだすことによってはじめて現実化していくのだ。自分の話を語りだすことが可能になるのは、自分と同じように、自分の話を聞いてくれる他者がその場に居合わせているからだ〉

他者が聞いてくれて初めて「私の想念」がリアリティを獲得できるのです。自称「恋人」が、現実に愛する対象を得て、初めて本当の「恋人」になるように。癒しもまたその病苦を受け止めてくれる他者を必要とするのです。

障がい者に向き合うこと

語り手の多くが障がい者(児)と向き合う機会を持っています。その現場での対応方法についての迷いや悩みや困惑といった障壁を越えて互いの心を結び合うには、何を学び、どう行動すればよいかの答を、何冊かの本の中に求めてきました。引用させていただいた内容は、著者の広く深い思想や実践のごく一部にしか過ぎません。著者のメッセージのエッセンスをお伝えするべく努力いたしましたが、是非、原本をひもといていただきたいと思います。

障がい者(児)は、何らかの障がいとともに生きています。「障害及び社会的障壁により継続的に日常生活または社会生活に相当な制限を受ける状態にあるもの」という法律の定義にあるように、障がい者(児)を生きづらくしているのは、むしろ社会的障壁の方に大きな原因があると、私は思います。その障壁のうち、物理的なものは、次第に崩されつつありますが、健常者の意識の中に潜む障壁は、依然として根強いものがあります。

まず、自らの内なる障壁を突き崩すこと、真の共生社会の第一歩はそこから始まるのです。「語り」は、障壁を突き崩すやわらかな槌、語り手こそその先導者なのです。

5 新しい語りの創造をめざして

新しい創造として

私たちは、口承文芸としての語りを追求してきました。けれども、都市化や核家族化が極限にまで進んだ今日の生活の中では、残念ながら口伝えで肉親や身近な人からお話を受け継ぐ機会はほとんどといっていいほど失われてしまいました。多くの語り手たちが、お年寄りから口伝えで聞いた語りを見よう見まねで語ったり、先達が採話し編纂したテキストをベースにして語っているのが現状といえます。

それでも都市の語り手といわれている私たちは、次の世代へ口承文芸としての肉声の語りを伝えたいと願っています。読み聞かせではなく、原話を読み解き、自分のものとしてテキスト化したものを肉声で語ることによって、言霊を蘇らせ、お話に生命を吹き込もうと努めているのです。

原話を読み解き、自分のものとしてテキスト化し、肉声で語る、その営みの総和を私は、再話だと考えています。昔の言葉や表現を機械的に現代語に置き換えるだけでは、私のいう再話の条件を満たしているとはいえません。原話が隠し持つメッセージを読み解いて新しくテキスト化したものを通して、語り手として何を伝えるか、それを効果的に行うためにはどのように語ればよいのか、テキストの肉声化に当たってこの語り手の役割と関与はどうあるべきかを考え、追求することのトータルが再話という行為であり、なぜ再話なのかの理由の第一です。

理由の第二は、言霊の国といわれる我が国に古来蓄積されている豊穣な物語世界を現代に蘇らせたいという願いです。再話研究ゼミ＝片岡ゼミでは、古典から中世にいたる物語の歴史を辿り、それぞれの時代精神や人々の心性、生活習慣を探って、物語が成立した背景を学んできました。その成果の一つとして、これまで昔話のフィクショナルなキャラクターと捉えていた山姥や鬼が、実は時代の規範の逸脱者や支配者に抗うまつろわぬ存在であり、私たちの内部にも脈々と息づいていることに改めて気づき、こうした発見が、語りやレパートリーに深さや豊かさをもたらすという確信となりました。

さて、時代を経た物語の生命を現代に甦らせようという再話には、再話をする人のたくらみ（＝意図）が潜んでいます。伝承された昔話そのものも、語り伝えに関わった無数の無名の語り手たちのたくらみの集積です。そして現代にあって、その昔話を語る語り手も、言い換えや語りの力点の置き方や感情移入によって無意識のうちに自らのたくらみを聞き手に届けているのです。

では、再話のたくらみは、どのような方法によって具体化するのでしょうか。

たくらみの一＝視点

一つの事実があります。それをある人が他者に伝えようとするとき、どんなことが起こるでしょうか？まず、その事実をその人がどのように見る（認識する）かという問題が起こります。簡単な例をあげましょう。路上に百円玉が落ちていました。

①　道に百円落ちていた。
②　誰かが百円を落としていった。
③　百円拾った。
④　小銭が落ちていたので交番に届けた。
⑤　お金落としてもったいない。

⑥ ラッキー! 百円で駄菓子買おうっと。

発見者がどこに着目したか、どう感じたか、金銭感覚やモラルの違い、育ちや性格までもがそれぞれの表現から伝わってはきませんか?

このように、一つの事実の伝え方にも発話者の数だけのバリエーションが生じ、その表現は無意識のうちに発話者のたくらみ(意図)を表すのです。このことを再話の技法に当てはめると、物語を紡ぐ場合、登場人物や出来事や事実を、聞き手にどのように伝えたいかという意図に沿った視点で切り取って再話するかがきわめて重要なことになります。

有名な芥川龍之介の『藪の中』は、ある事件の被害者、加害者、傍観者の証言がまるで違ったもので、まさに真相は藪の中という作品ですが、私はそこにヒントを得て佐渡の民話「月の夜ざらし」を、複数の登場人物の語りとして再話しました。

視点の選択は、再話のキーポイントの一つといえます。

では、研究者は、語りにおける視点についてどのような捉え方をしているのでしょうか。

山岡實(一九四八〜)氏は、『「語り」の記号論』(松柏社)で、これまで、一般的に、「語り手の語る位置」という意味で使われてきた「視点」を、〈物語世界の出来事・状況を物語世界の現場で『見ている点』〉と定義し直し、「視点」を担う主体は登場人物であるとしています。登場人物は、〈人の目=知覚的視点〉、〈人間の精神=概念的視点〉、〈人の関心のある立場=関心の視点〉を通して、物語世界の現場でリアルタイムに出来事・状況を〈物理的に見る〉ばかりでなく、〈概念的・関与的(=回想・体験)に見る〉ことができるといいます。

語り手は、当然のことながら物語世界に登場することはできません。でも、山岡氏によれば、語り手は物語世界の外でリアルタイムに、登場人物同様、物語世界の出来事・状況を〈物理的・概念的・関与的に見る〉ことができると言います。しかし、それは登場人物の「見る」とは異なった次元の時空間における語り手の「見る」であり、登場人物の「視点」とは違った呼び方が必要となります。〈チャットマンという学者は、語り手の「見る」を「観点＝perspective」〉と名づけています。（同書）

物語世界の語りには、通常、登場人物の「視点」と語り手の「観点」が混在して現れます。その場合、過去の出来事である物語世界の登場人物が見たことを現在の時点で語り手が語る場合、語り手は無意識のうちに物語世界の登場人物が見ていることを伝えた後に「…だったそうだ」と言った意味の言葉を付け加えて、伝聞であることを明確にしようとします。ただし、例外もあります。

私たちが昔話を語るときのことを思い出してみましょう。

〈昔、むがす、ある村で、悪狐えで、とっても悪戯ばりすて皆困ってらったど。あるどぎのごど、「おれぁなんぼすたって、狐んなんどにだまされねぇ、だまされるのぁ、すぎあるがらさ」ってしぇった男えだっど。その男ぁ、ある秋の夕方、隣の村がら帰って来っつど、街道の下の川原で、一匹の狐ぁ、朴の木の葉っぱコ頭さ乗せで、女に化げで、川ん中の草なんぞ集べで、それ丸めで、赤子のよんにすて抱でらったど…〉

これは、遠野に伝わる「俄か入道」（語り＝阿部縫子『遠野の昔話』日本放送出版協会）の語り始めの部分ですが、語り手はあたかもその場で出来事の一部始終を見ているかのように登場人物の視点で語っています。それが当たり前のように受け入れられるのは「昔むかし…」で始まる昔話の語りとはそういうものだという暗黙の約束が語り手と聞き手の間に交わされているからです。「あったかも、なかったかもしれぬ…」とか、「あったこととして…」などの前置きであらかじめ聞き手の了解を求めて語り始めます。けれども、物語を語る場合は、語り手が語る表現のどこまでが登場人物の「視点」で捉えられたものなのか、どこからが語り手の「観点」によるものなのかを曖昧にすることは、物語のメッセージを伝える上で混乱をもたらすことになりかねません。そこで再話をする上で再話者のたくらみ（意図）がはっきりと伝わるようどちらか一つにするか、「視点」と「観点」を明確に分かるように区別して語り分けられるように再話することが必要となります。

たくらみの二＝人称

再話のキーポイントの第二は、語り手が登場人物の誰の立場に立って語るかです。それによって物語の内容も立ち現れる世界もまるで違ったものになります。

この語り手の立場を語りの人称といいます。人称には、一人称、二人称、三人称がありますが、文法上の規定では、話しかける側が第一人称、相手側が第二人称、それ以外の人・物・事柄が第三人称とされます。

語りにあっては、この三つに加えて、物語の叙述に特有な人称の混在と神の立場による叙述があります。では、人称の機能について考えてみましょう。

（一）一人称＝一人称で、「私は…」という主語で始まる私による私の主観的な語りです。

〈「あみゃ　降ってくる、庭もん　濡れる、背中で　餓鬼泣く　飯こげるよ」

これは埼玉県羽生市の老婦人の歌です。

私は一九三九年、青森に生まれましたが、この歌のように育てられ、つぶさに農家の女の暮らしを見て、聞いて、実際に野良仕事も手伝わされて育ちました。…〉

これは藤野時代さんの『津軽の詩―我が家の語り』（語りの文化シリーズ・語り手たちの会　一九九四）の始めの部分ですが典型的な一人称です。

〈…やがて、めいめい摘み草をえりわけ、煮炊きが始まる。煙い時さえ、大人びた笑いが起こったりする。

「わあ　けぷてえ、けぷてえじゃ…」

「おめえが　美人だつうの　気付かねがったでぁ」
煙は昔から美男美女のいる方へたなびくと言われている。だから下手に煙い煙いと騒ぐと、こう言って笑い者にされかねないのだった〉

このように情景描写も（一人称の）私が見、聞き、経験したことが感じたままに綴られており、聞き手も語り手である藤野さんと一体化して相槌を打ちながら聞きます。相槌は、「そうだ、そうだ」「分かる分かる」という同意の表現といえます。語りの内容によっては同意できないこと、納得できないこともあるでしょう。その場合は、無視、無言の拒否、野次、冷笑、妨害などの反応が示されるでしょう。一人称の語りは、語り手と聞き手の対面的な関係で成り立つストレートで説得的な物語世界の受け渡しが可能です。一人称は、言わば一方的な物語を描く「たくらみ」の手法と言えます。

たとえば、「桃太郎」は村人を苦しめる鬼を征伐するお話ですが、このお話を鬼の一人称で書いてみると、桃太郎は鬼ヶ島の平和を破る侵略者・略奪者として立ち現れ、世界が逆転します。

「源氏物語」は、多くの作家が現代訳にチャレンジしていますが、それぞれが再話に工夫を凝らしています。（本書第Ⅱ章「光源氏の想像力」参照）瀬戸内寂聴の『女人源氏物語』（集英社文庫）は女性の登場人物の目から見た世界が一人称で書かれていますし、林真理子の『六条御息所　源氏がたり』（小学館）は御息所の一人称の目線で書かれています。夕顔の章の冒頭です。

〈あの夜のことはよく憶えております。恐ろしく、長い夜でございました。この世に生を受けている間、私があのことでどれほど悩み苦しんだか、お話しいたすまでもありますまい。しかし申し開きするようでございますが、あの女を手にかけたのは私ではございません。私でない別の女たち何人かが、私をそそのかし、眠っている女を打ちすえるようにと私の手を取りました……〉

このあと、夕顔の死と自分は無関係で濡れ衣であるという言い訳が続きます。

語り手たちの会の芸術の語りプロジェクト第一回公演で故・櫻井美紀が語った最後の舞台『夕顔』（片

岡輝再話・演出）は、光源氏との出会いから六条御息所の怨霊に取り憑かれ、意識を失って死ぬまでを夕顔の一人称で描きました。このことによって光源氏と愛を交わした夕顔の歓びや悲しみにスポットを当てることができたと思います。

（二）二人称＝二人称は、向き合っている相手である「あなた」を主語とします。

〈あなたは窶(やつ)れていた。夏の太陽は狂暴な奔流で鋭くあなたを刺し貫いた。その度にあなたの身体はだらしなく砂の中へ舞ひ落ちる靄(もや)のようであった。あなたは、あなたの持つ抵抗力を、もはや意識することがなかった。そしてあなたは、強烈な熱である光の奔流を、あなたの胎内に、それがあなたの肉であるように感じていた〉

この例文でも読み取れるように、「あなた」が主語になってはいるものの、そこに述べられていることは「あなた」を見ているもう一人の人物によって描かれており、一人称による叙述の裏返しになっていることが分かります。（この例文は、実は、坂口安吾の短編『ふるさとに寄する讃歌』の一節の主語「私」を「あなた」に置き換えたものです）。

さらに、この置き換えによって、再話者（あるいは作者）は、はたして登場人物の内面に立ち入ることが可能なのかという問題が喚起されることになります。他者が、「……あなたの胎内に、それがあなたの肉であるように感じ」ると言いきれるかという問題です。

この問題は、一九五〇年代に新しい文学の流れとして台頭したフランスの作家ミシェル・ビュトール（一九二六〜）らの反小説（アンチ・ロマン、ヌーヴォ・ロマン）群が問題にしたことで知られています。ヴィクトル・ユーゴー、オノレ・ド・バルザック、ギ・ド・モーパッサン、エミール・ゾラ、ギュスターヴ・フローベル等の十九世紀から二十世紀初頭に活躍した作家の伝統的な小説技法は、作者がいわば神の視線を持って出来事の推移から登場人物の内面までの全てを意のままに動かすものでした。

これに対して、反小説の、たとえばビュトールの『心変わり』の場合は、主人公が二人称の「君」で、パリ発ローマ行きの列車の進行とともに、読者もまた主人公に寄り添うごとくに移動し、見、考えていくのです。

この新しい小説技法では、作者が特権である神の眼を失うと同時に、読者もまた客観的な叙述を手がかりにして主人公の内面や事物や出来事を自ら解釈し、意味づけなくてはならず、必ずしも物語を読む悦楽を手にすることを保証されないため、一種の実験として定着することなく終わりました。

語りにおいても、反小説のような二人称による客観的な再話は容易ではないと思われます。でも、たとえば、「あなた」や「君」を主語にして「私」の心情を訴える恋文や信仰を吐露する告白表現ならどうでしょうか。

〈「天と地を　おつくりになった　かみさま、わたしたちは　あなたを　ほめうたいます
あなたは、その力と　あいで、すべてを　おつくりになり、それらを　みて、よしと　いわれました」
「かみさま、だいちを　あたえてくださり、たべものでからだを　そだて、うつくしい　しぜんで
こころを　ささえてくださり、ありがとうございます」〉

これは、キャサリン・パターソン（一九三二〜）の絵本『たいようもつきも　フランチェスコのうた』（パメラ・ドルトン絵　藤本朝巳訳　日本キリスト教団出版局）の一節ですが、「かみさま＝あなた」への真摯な気持ちが直接的な語りかけで効果的に表現されています。

(三)　三人称＝彼・彼女・彼ら・具体的な人名など、ほとんどの物語が三人称を用いて作られています。

『平家物語』（尾崎士郎現代詩訳　平凡社）第一巻の「妓王」を参照してみましょう。

〈当時、京都には、妓王、妓女と呼ばれる、白拍子の、ひときわ衆に抜きん出た姉妹があった。その母も刀自と呼ばれ、昔、白拍子であった。

清盛が目をつけたのは、姉の妓王で、片時も傍を離さずに寵愛していた。おかげで、母親も妹も、

家を建ててもらったり人にちやほやされて、結構な暮らしをしていた。…京の白拍子たちは、玉の輿にのった同性の幸福を羨んだり、ねたんだり、中には、せめてその幸せにあやかりたいものと、妓王の妓をとって、妓一、妓二などと名前を変える者まで出るほどの評判であった。
　その間にも、月日はいつか過ぎて、三年ばかり経った頃、加賀国の生れだと名乗る一人の年若い白拍子が、彗星のように現れた。仏という変った名前を持つ、まだ十六歳のうら若い乙女であった〉
妓王、妓女、母の刀自、清盛、仏御前の五人がこの物語の主な登場人物です。再話は、再話者のたくらみ（意図）によってこの五人のうちの誰か一人を主人公に選び、その人物の視線による一人称の物語として再構成することが出来ます。

再話における語り手の役割

ここで、再話においての語り手の役割についてふれておきたいと思います。

なぜ再話するかの理由の一で、「原話が隠し持つメッセージを読み解いて新しくテキスト化したものを通して、語り手として何を伝えるか、それを効果的に行うためにはどのように語ればよいのか、テキストの肉声化に当たっての語り手の役割と関与はどうあるべきかを考え、追求することのトータルが再話という行為」であると述べました。

　再話への語り手の関わり方には、(一) 語り手自身が再話者となる場合、(二) 再話者と語り手が協同作業を行う場合、(三) 再話者によるテキストを使って語り手が語る場合、が考えられますが、どの場合にも語り手の担う役割は大変大きいのです。

　語り手たちの会の芸術の語りプロジェクトは、再話テキスト作成の段階から再話者であり演出者である私と語り手の協同作業（コラボレーション）を行っています。

このプロジェクトは、我が国の古典から現代文学に至る豊穣な物語の系譜を辿りつつ、成熟した世代が語りの魅力を楽しめる質の高い言葉による総合芸術を追求するもので、日本文化の心を象徴する「花鳥風月」をテーマに、これまでに四回、芸術祭参加公演として新しい再話による舞台での語りを展開してきました。

企画から舞台までは、次のような手順で進められます。

① 再話のテーマと語り手の決定
② 作品の選定
③ 再話者による再話テキスト第一稿の作成
④ 第一稿をもとにした語り手による手直し（語り手が自分の語り口に合うように調整したり、新しい展開についてのアイデアを提案したりする）
⑤ 再話者による第二稿の作成
⑥ 読み合わせ・リハーサルによる調整を経て最終稿の完成
⑦ 演出・音楽・照明・衣装・美術・舞台監督・語り手の打ち合わせ
⑧ 舞台リハーサルを経て本番

これらの手順のすべての段階が再話行為であり、語り手は創造的に参画します。

二〇一一年に行われた「ものがたりの系譜〝花〟」の三作品（再話・構成＝片岡輝）を例にとると、古事記の応神天皇の条の説話『秋山之下氷壮夫と春山之霞壮夫』の再話作品『藤蔓』では、語り手の末吉正子氏のアイデアで、四人の登場人物の御霊が語り手の媼に交互に降霊して語るという、古代の巫の再現を試みました。創作民話『山百合』は、語り手の君川みち子氏の創作を基に再話を行いました。坂口安吾の小説『桜の森の満開の下』の再話『櫻』では、語り手の尾松純子氏が自分の語り口と語りのテンポに合わせた調整を繰り返して再話を完成させました。

このように芸術の語りのプロジェクトの再話は、通常の語りが語り手の一人芸であるのと異なって、再話者と演出を核にした異分野のアーティストがコラボレートすることによって、従来の語りの枠組みを超えた新しい語りの世界を切り拓くことができたのではないかと、密かに自負しているところです。

このプロジェクトの基礎となっている、私が主宰する再話研究ゼミは、二〇〇六年から今も続いており、ゼミを受けた会員の中から多彩な再話作品が生まれ、語り手の再話者が次々と誕生しています。「山姥と鬼」をテーマにした二〇一一年度のメンバーは、それぞれ、民話や説話に登場する山姥や鬼についての歴史的・民俗学的な知見と考察に基づき、山姥や鬼の内面に踏み込んだ個性的で多彩な新しい再話を発表して好評でした。これからも歴史書や研究書を幅広く講読しながら、語りや語り芸のルーツを辿って、まつろわぬ民として生きた芸能民の心性に迫る再話を生み出していきたいと願っています。

「語り手たちの会」の創始者で芸術の語りプロジェクトの提唱者であった故・櫻井美紀は、「なぜ衣装や舞台にこだわるのか。それは、語りも総合芸術の一つとして活動できる可能性を持っているからである。能が芸術であるように。語りの活動の中の演劇的な要素を考えるところから、この問題を突き詰めていこう」と述べ、再話研究の向かうべき目標を示しました。

物語世界の再創造である再話活動こそ、失われつつある言霊の力をよみがえらせる、正統的な営みであり、今を生きる語り手たちの使命です。テキストを至上として一字一句間違えないように語らなくてはならないという呪縛とは、そろそろ決別してのびのびと語りの世界を広げ、新しい語りの創造をめざしたいものです。

6　詩を肉声で伝える

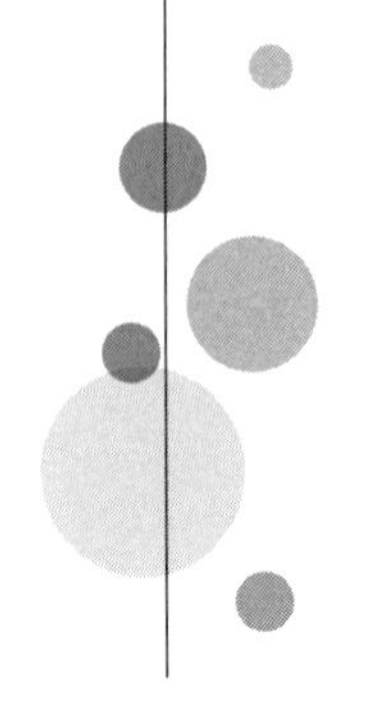

詩と語り

詩というと、紙の上に書かれ、印刷された韻文と散文がまず頭に浮かびますが、かつては「万葉集」や「古今和歌集」に代表されるように詩歌は声に出して詠むという行為と密接に結びついた文芸でした。欧米では詩人自らによる朗読会や子どもたちによる詩の朗読コンクールといった催しが盛んですが、わが国では「詩のボクシング」が時折話題になるほかは、学校の国語の時間で詩を読むことくらいで、子どもにとっても大人にとっても声に出して詩に親しむ機会が潤沢にあるとはいえません。語り手たちがお話会で取り上げる詩も、谷川俊太郎氏の『ことばあそびうた』、工藤直子氏の『のはらうた』等、ごく僅かな作品に限られています。たしかに、研ぎ澄まされた感性で紡がれ、一字一句をおろそかにできない詩を暗記して声に出す労苦は並み大抵のことではないでしょうが、暗記にこだわらず詩を声に出して読むことがお話会のレパートリーにもっと取り入れられてもよいのではないでしょうか。

前置きが長くなりましたが、そもそも詩とはどのような文芸なのでしょうか。

『明解新国語辞典』（三省堂）によれば、詩は次のように定義されています。「文学の一形式。自然の美しさ、人生の哀歓、社会への憤りなどを一定のリズムを持つ縮約的表現で述べたもの」（傍点筆者）

定義の前半は詩の主題、後半は形式について述べられていますが、この定義のなどの部分に少しくこだわってみたいと思います。

詩は「し」と読みます。同じ読みの漢字には、志、試、思、視、始、子、至、示、嗣、姿、屍、枝、止、祉、私、賜、史、死、師、矢、覗、姿、祠、紫、肆……といった字が並びます。これらは読みが共通であると同時に、期せずしてそれぞれの字の意味するものが多くの詩の中に含まれていることに気づきます。私の作品を例にして詩の持つ多面性をみてみましょう。

まず、詩には、志、思いが込められています。

「陽炎」（『いつもそこにスフィンクスがいた』水野修孝作曲より）

この道に　始まりがあるのか　終わりがあるのか
そのことを考えるといつも　少年の胸は騒いだ
見わたす限りの草原では　いたるところが道である
と言うことは　どこにも道など無いに等しい
どこに向かって歩いて行けばいいのか
考えあぐねていると
忽然と　陽炎の中から　一人の老人が現れ
少年の目の前に立った
「まもなく九十三年になる」
夢見るように　老人が語り始める
「どこをどう歩いたかは　もう覚えていない
丘を越えた　川を渡った
砂漠をさ迷った　嵐に遭った　虹を見た

人を愛した　人を殺した　煩悩に悩んだ
悪魔に会った　神を見た
だが結局残ったのは　こうして歩いている自分だ
あとの全ては　過ぎ去ってみれば　無きに等しい」
「では生きることは　無意味なのでしょうか
歩かずにここにじっと座って　時が過ぎて行くのを
待っておれば良いのですか」
「それは生きてみなければ　分からんし
歩いてみなければ　答えは得られん
日暮れて道なお遠し」
老人は天を仰いで笑い　姿を消した
少年は心を決めて　歩き始める
陽炎に揺れる草原の果てへ

生きることの意味を求める少年の志、自らが歩んだ道を振り返ることでそれに答えようとする老人の思いが陽炎の中で交錯します。実は、この詩を書いた時、私の父は九十三歳でした。そのころの父との対話がこの詩には影を落としています。七年後に百歳で死ぬことになる父の姿を詩の中に記すことで流れ行く時を止めたいという思いがあったのかもしれません。けれども、私的な志や思いは、詩に書かれ、読まれ、共感を得ることで普遍性を獲得します。

ごく私的であることと普遍的であることの二律背反を止揚することができて初めて詩となり得るのです。このことは語りの成立条件と共通といえるでしょう。

視・史・祠としての詩

凝視すること、多角的な視点を持つこと、歴史的な視座に立つこと、神を祀る言葉の祠であろうとすること……詩が詩であるために心すべき大切なことがらです。

「広場」（『時代の心象』平吉毅州作曲より）

誰もいない広場に　ひなたのぬくもりがあった
たたずむと　静かに語りかけてくる声がある
「誰一人死を怖れなかった
生きながら死につづけることを拒み
目をそむけることを恥じた
生命より大切なものを　生命を賭けて愛した」
風が走り影が舞う
ここで何が起こり　何が起こらなかったかを
石畳は決して語らない
あのマシンガンの遠吠えは　キャタピラの地鳴りは
幻聴だったのか
気がつくと　広場にはあふれんばかりの人の群れ
あの時を生みあの時を殺した広場が

笑いとざわめきにわき立っている
突然　天を駆ける雷鳴に
人の群れが蜘蛛の子を散らす
沛然（はいぜん）と降りつづける雨に打たれて
広場はただそこに在り
そこに在ることで　時代を証かしている

この詩は、一九八九年、中国の首都北京の天安門広場で起こった学生たちの反政府運動への弾圧で失われた若い生命と葬り去られた憂国の精神への弔歌です。たまたま事件が起こる直前まで私は天安門広場に居合わせ、危険を感じてホテルに帰り、翌朝悲劇を知りました。仕事を中断して臨時便で帰国しましたが、機上にあって私の少年期を過ごした北京への思いと中国の学生たちの心情に寄せる思いとで涙が止まりませんでした。

それから一年後、何事もなかったかのようなたたずまいを見せる天安門広場に立った時、この詩ができました。この詩には、もはや不可視なものになった歴史的な事実を凝視しつつ、死んでいった学生の肉体と思いを歴史の記録に残すと同時に言葉の祠である詩に祀りたいという願いがこもっています。

「竜骨よ　やすらかに」（『さすらいの船路』平吉毅州作曲より）

倦むことのない氷雨
三十九日と三十九夜
ひびわれめくれめくれて白ペンキ
なまめいた花びらとなり　剥げ落ち流れ渦を描く

三十九日と三十九夜
やせさらばえた　デッキの板たちよ
襲いくる波しぶきと闘った　勇者の日々の栄光を
せいいっぱい反り返り　反り返って懐かしむがよい
やさしくなめるがごとく船体をはう
雨のしたたりにさえ
なすすべもなく犯され犯され
朽ち果ててゆくデッキの板たちよ
見わたす限りの廃墟に　煙ぶる文明の塵芥
時の重みに耐えかね
砕け砕けて　悲鳴をあげる竜骨
船底にこだまするそのしめった叫びこそ
驕りたかぶった星テラへよせる
白い白い哀しみの歌

この詩は、一九五四年、マーシャル諸島のビキニ環礁付近で死の灰を浴びた第五福竜丸を夢の島の資料館で見た時の衝撃と平和への祈りを書いた組詩の一つです。ここでは終焉を迎えた現代文明社会の屍の姿が福竜丸の姿に重ねられて幻視されています。詩は、人間の肆（勝手気儘）に警告を発し、反省を促す役割を担ってもいます。

「失ったもの」（『あしたにうたう歌』鈴木憲夫作曲より）

生きてくるうちに
なんとたくさんのものを　失ってきたことだろう
ほんわりほわーっとした　おばあちゃんのぬくもり
ほらほらいまにもお化けがあらわれそうだった
おじいちゃんのこわーいはなし
あんなに大切にしていた貝殻
聞こえてくる潮騒に胸が騒いだっけ
朝から晩まで野っぱらに響いていた笑い声
あの友この友　父や母から受けた愛の数々
時の彼方に忘れてきた　たくさんの落し物たち
耳を澄ますと　失ったものたちが語りかけてくる
何が大切で　いま何をなすべきかを

祉と子と始と

祉は、天の下す福が身にとどまることを意味しています。詩は、幸せのメッセンジャーです。

「希望」（『あしたにうたう歌』より）

お日さまは夜どこでねるの?
お月さまはどうしてついてくるの?

おまえの瞳は　まるでブラックホールのように
つぎつぎと不思議を吸い込む
リンゴが赤くて　キュウリが赤くないこと
雪が白くて　海が青いこと
世界は不思議に満ちていて
おまえは退屈することがない

ぼくが大人になるころ
ペットはみんなロボットになるんだよ
わたしがお母さんになったら
パパにもママにも
すきなだけカレーライスを食べさせてあげる

おまえたちは未来からやってきた
おまえたちは未来に帰って行くんだね

あしたまたあそぼう　ゆびきりげんまんゆびきった

希望とは　おまえたちのあしたを
おまえたちの未来を
大事に大事に守ること

いま幸せ、至福のこの時を希望とともに確実に子どもたちに手渡すこと、詩には、その使命が課せられています。

「グリーン　メモリーズ―緑の黙示録」（『地球に寄り添って』鈴木憲夫作曲より）

幻の丘の上　降りそそぐ光に向かって
立ちのぼる草たちの　生命のゆらめきが
私をゆっくりと貫いて行く
夢見ごこちのなか　遠い記憶がよみがえる
原始　溶岩と灰のあいだから
一粒の種が　大地に細い細い根を下ろし
芽がおずおずと伸び始めたときのこと
幻の森深く　遥かなる宙に向かって
そそり立つ木々たちの　年輪の重なりが
歴史をしっかりと記録している
天変地異のなか　数えきれないいきものたちが
生まれ　戦って　死んでいった日々

森の木はじっと　黙ってそこにたたずみ続けた
雷が落ち幹が裂けたときさえも
かつて　地球に生きるものたちは
緑に生かされ　緑に癒され
土に帰って緑を育み　生命の円環を繰り返した
いま　草たちはコンクリートに覆われ
森の木々は　人のエゴイズムに病んでいる
それでも　緑は深い瞑想をたたえ
生命の歴史と記憶とともに
なにも語らず　なにも歌わず　ただそこにある
緑の記憶が途絶えるとき　生命の円環も幕を閉じる
まだ間に合うかもしれない　いまなら
フォーエバー　グリーン　フォーエバー　グリーン

いまの幸せ、至福の時を希望とともに子どもたちに手渡すために何かを試みること、未来へ至る道筋を読み手と共に考えようという試みがこの詩です。冒頭の定義にある「自然の美しさ、人生の哀歓、社会への憤り」を「一定のリズムを持つ縮的表現」で表すという枠組みにとらわれることなく、絶えず新しい試みに挑戦することこそ詩的営為といえるでしょう。現代の多くの詩人が多様な試みに取り組んでおり、詩はすでに従来の叙情詩、叙事詩の範疇を超える広大な領域に枝を張って進出しています。

「争い」（『あそぶ神々』大熊崇子作曲より）

昔　二人の神様が　取っ組み合って争った
天地取り合い争った
天は我(わが)もの　地は汝(なれ)がもの
天が欲しくば取ってみよ
がっぷり組んで汗を流した
押しては引いて引いては押した
かっかかっかと天が燃え
ぐらりぐらりと地が揺れて
七日目の朝　勝負がついた
勝った神様天に昇って
負けた神様地にとどまって
この世に平和な朝が来た
地にとどまった神様は　せっせと精出し働いて
人と家畜と穀物を生み
生き物たちがこの世に満ちた
天に昇った神様は　光と雨に身を変えて
休むまもなく　地へ降りそそぎ
生き物たちのいのちになった
いまもこの世のあちこちで

争いごとが止まないけれど
神様たちの争いごとが
この世をいのちで満たしたように
なにかが生まれて来るといい
平和な夜明けが来るといい

どろんこ遊びは国づくり、かくれんぼは天の岩戸、鬼ごっこは黄泉のくにからの脱出……といったように子どもの遊びは神話の世界の出来事のなぞりと繰り返しです。詩に詠われるものも詩を創る心の動きも、そのほとんどは、おそらくは人間誕生以来のなぞりと繰り返しであるのでしょう。いまはいつだって始まりを内包しているのです。

「せかいのふしぎ」（『にんげんとせかいのふしぎ』大田桜子作曲より）

はるののやまにはながさく
いろとりどりのはながさく
だれがえのぐをまぜたのか
みんなちがったいろをして
よるのかなたにひかるほし
かずかぎりなくひかるほし
だれがあかりをつけたのか
はるかうちゅうをてらしてる

えだをゆらしてかぜがふく
あきをしらせてかぜがふく
だれがこのみをつつくのか
あまいかおりがよんでいる
きたをめざしてとりがとぶ
うみをわたってとりがとぶ
だれがゆくえをきめたのか
ちずもないのにはるばると
せかいはふしぎでいっぱいだ
きみにこたえがだせるなら
ぼくにおしえてくれないか
ちきゅうがふしぎでふくらんで
ばくはつしないそのわけを

詩は、常に現実を刺す鋭さを持ち、紫のように高貴な魂を詠う、言霊の嗣（あとつぎ）でありたいと思うのです。詩もまた物語とともに語り手のメッセージを伝える重要なメディアなのです。

新しい時代の語りが、語り手それぞれの個性を生かした自由で多様な表現を通して、すべての人々の心に分け隔てなく橋を架けることを願わずにはいられません。

＊詩は全て自作品。音楽乃友社、合唱普及会刊行の楽譜に所載。

Ⅳ　旅の途上で
―短いあとがきにかえて―

語りの源流を訪ねる旅は、まだまだ道半ば、源流にたどりつけるのはいつのことになるのでしょうか。古くからの箴言「芸術は永く、人生は短し」を脳のメモリーチップがしきりに耳の奥からささやきかけてきます。残された時間は限られています。でも、先に旅した先達たちが残してくれた膨大な記録を本の森でひもときながら探索を続けることは、なんと楽しいことでしょう。

櫻井美紀さんに誘われて語りに興味を持っての四十有余年は、人はなぜ語るのかという根源的な問いと向き合った歳月でした。

本書は、その間に語り手たちの会の会誌「語りの世界」に連載した「人はなぜ語るのか―新しい語り手へのメッセージ」（21号＝１９９５年～34号＝２００２年）と、「語りの源流への旅―私の読書ノートから」（35号＝２００３年～現在連載中）の文章を中心に、語りの伝承と創造（再話と創作）を実践している語り手を対象に構成したものです。

語ること＝ストーリーテリングは、最近でこそ園や学校や高齢者施設などでの語りのボランティアの活動で社会的に認知されてきましたが、半世紀以前は、伝承昔話の民話を語る各地の語り部を研究者が採話に訪れたり、愛好家が鑑賞のために尋ねたりするような、特異なものか、家庭で祖父母や親が孫や子に寝物語として語り聞かせる私的な営みでした。そしていま、全国に広がる都市化と並行して進む地方都市や農村漁村の過疎化による生活空間としての地域の崩壊が生活の基盤である家庭の絆を断ち切り、ＩＴ技術の進化に伴う電子ネットが個人の孤立化をもたらして、隣人や親子や世代間のコミュニケーションを困難に陥れています。

語りは、分断された人々の間に心の橋を架け、荒廃した社会を築き直し、さまざまな困難を克服しようとする営みです。

かつて、良き言霊の国であることに誇りを持ち、多くの人々が言葉を信頼し、その信頼を裏切ることのなかった美徳は失われ、真実味のない空疎な美辞麗句や裏付けのない勇ましげな自己中心的言辞が大手を振って闊歩し、悪しき言霊がこの国の言葉を貶めています。旧約聖書の創世記に出てくるバベルの塔の崩壊の物語は、神が人間の傲慢を諌めたものとされていますが、私たちは神の手を借りることなく、良き言霊の力で悪しき言霊の跳梁に歯止めをかけなければならないと思うのです。

語りの源流への旅は、語りの本質を追究して自分の言葉に良き言霊の力を取り込むための巡礼といえるのではないでしょうか。

これからやってくる新しい語り手の新しい語りの創造のために、本の森の一隅に加わったこの一冊が少しでもお役にたてばこんなに嬉しいことはありません。

最後に読者のみなさんと、刊行にお力添えくださったみなさん（表紙ロゴ＝版画家大澤美樹子・出版企画＝アイ企画山本尚由・校閲＝子どもの文化研究所鈴木孝子・高瀬あけみ各氏）に深く感謝申し上げます。

※なお、文中の各氏の肩書きは、著書論文執筆時のものをそのまま載せさせていただきました。

[著者紹介]

片岡　輝（かたおか　ひかる）

1933年、中国大連市に生まれ、少年期を北京市で過ごす。第二次世界大戦敗戦の混乱期に帰国、自己形成の原点に民主主義教育と読書がある。慶應義塾大学法学部を卒業。1957年、ラジオ東京（現 TBS）に入社。1963年退社し、執筆活動に入る。幼児から成人までを対象とし、子ども・親・女性の側に立つ作品（詩・児童文学・絵本）を多数発表した他、1985年のつくば科学万博を手始めに大阪の花の万博、北九州のスペースワールド等の企画・演出に参画。その頃、欧米・アジア諸国で激動する教育・福祉に接し、子どもの権利・女性・障がい者の社会参画への目を培う。1999年、東京家政大学教授、2002年、同学長に就任、2008年退任まで子育て支援・大学と地域の協働に取り組む。

現在、東京家政大学名誉教授・顧問。社会福祉法人緑伸会理事長、一般財団文民教育協会理事長、子どもの文化研究所所長、NPO 法人語り手たちの会理事長。板橋区子ども・子育て会議会長を務めている。
主な作品
作詩「とんでったバナナ」「グリーングリーン」「勇気一つを友にして」「いま地球が目覚める」（未来少年コナン主題歌）等。絵本「ほんとは」「どうして」「力太郎」等。童話「わすれん星へいった月」等。著作「日本人の感性」「挑発としての音楽」「性と死について話そう」「語り、その豊饒な世界」等、多数。

装丁　椙澤清次郎（アド・ハウス）
表紙カバー版画　大澤美樹子（国画会会員・女子美術大学名誉教授）

叢書　文化の伝承と創造　1 人はなぜ語るのか

2016年11月10日　初版発行

著者　片岡　輝
編集　一般財団法人文民教育協会　子どもの文化研究所
〒171-0031　東京都豊島区目白3-2-9
Tel:03-3951-0151　Fax:03-3951-0152
発行　アイ企画
発売　生活ジャーナル
〒161-0033　東京都新宿区下落合4-4-3 山本ビル2F
Tel:03-5996-7442　Fax:03-5996-7445
印刷　株式会社　光陽メディア

ISBN978-4-88259-161-0

〈叢書　文化の伝承と創造〉刊行に際して

一般財団法人文民教育協会
子どもの文化研究所

人は、誕生から死まで文化に守られて生きる。文化は遠い過去から先人たちが受け継ぎ、時代とともに更新・変化を積み重ねながらいま、私たちの前にある。伝承と創造なくして、生きた文化の存続は有り得ない。伝承と創造のせめぎ合いの過程で、他の領域や異文化と混淆しながら、相互に影響を受け、与え、そのありようを多彩に変化させていく。

この叢書は、子どもに関わる文化を核に据え、生活に根差したあらゆる領域の人間活動を視野に入れて、子どもの成長発達に資する論考・記録・実践・研究・資料・データ・作品などを、子どもの権利と人格を尊重し、ともに生きる幸せを守りつつ、民主主義と平和主義を貫く志を持つ読者に手渡すことを願って刊行する。

また、開かれたメディアとして、読者からの企画提案・執筆者紹介などの情報を随時受けつけ、ともに文化の伝承と創造の実現を願うものである。

二〇一六年一〇月